競技力が上がる体づくり

ソフトテニス うまく動ける体になるトレーニング

JN108596

著 川上晃司

ベースボール・マガジン社

パフォーマンス向上に即つながるエクササイズを

はじめに

どんなスポーツでも競技パフォーマンスを上げるには、「身体的準備」、「技術的準備」、「戦略的準備」、「心理的準備」の４つが必要だといわれています。このうち、本書はソフトテニスの「身体的準備」に特化した、これまで着目されてこなかった分野のトレーニング本です。

じつは“ソフトテニスのための”というのが、本書の最大のミソになります。2001年に男子ナショナルチームのトレーナーに就いて以来、ソフトテニス選手の体づくりにかかわってきましたが、この20年間、競技に適していないトレーニング内容の実施を少なからず見てきました。とくに多いのは、「5キロ、走ってこい！」というような、長時間のランニング系のトレーニングです。基礎体力向上ではあり得る種目ですが、試合前では話が違います。

というのもソフトテニスの試合には、長い距離を休憩なしに走り続ける場面が一切ありません。ソフトテニスは、休みを入れながらさまざまな方向へ、瞬時に移動することを繰り返すスポーツで、持久力より求められているのは瞬発力や巧緻性の高さです。それだけに、貴重な練習時間を競技性に合っていないトレーニングに費やしてしまうのは、もったいないと感じてしまいます。

さらに、もったいないだけではすまず、ときに悪影響を及ぼしてしまうこともあります。たとえば、長時間のランニングで鍛えられるのは、瞬発的な力を出す速筋ではなく、持久力を出すための遅筋ですが、あまりに長時間、走りすぎると、速筋をつくり出す特殊なタンパク質まで使ってしまうという弊害が起き、ソフトテニスに必要な筋力を養成できません。体力はついても、コートでは動けないといった状況です。

こういった経験から、ソフトテニスを愛する人たちに正しい知識を身につけ、効率的なトレーニング方法を知ってほしいという願いをこめて、本書を執筆しました。内容は4部構成です。Part 1で自分の課題を見つけてもらい、Part 2では本格的にトレーニングする前のウォーミングアップを行ってもらいます。ウォーミングアップとはいっても、徐々に強度や難易度が上がっていき、ソフトテニスの動きと共通点のあるやりがいのあるメニューばかりです。日本代表も取り入れている内容です。

具体的にいうと、ウォーミングアップに「ランジウォーク」というメニューがあるのですが、ランジ姿勢をとったときの姿勢は、ボールを打つとき、足を踏み込んだときの動作と似ています。このメニューをしっかりと行うと、股関節の可動域が広がるので、これまであと一歩届かなかった球にも手が届くようになります。繰り返し行えば、体幹が強くなって、実際にボールを打つときの姿勢が安定し、崩れにくくなるという利点も。

そして、Part 3でいよいよ本格的なトレーニングに入ります。自体重で基本的な土台をつくるトレーニングを行ったあと、自分が課題とする分野のトレーニングに取り組んでください。Part 4では、翌日もしっかり練習に臨んでもらうため、体の調子を整えるコンディショニング方法を紹介しました。

今回、お伝えしたのは、いつでもどこでも即実践できることばかり。本書が皆さんの日常に役立ち、ソフトテニスのパフォーマンスをアップさせる参考書になれば幸いです。

川上晃司

Contents

Contents

デザイン　チックス.
写真　馬場高志
川口洋邦
太田裕史
ベースボール・マガジン社
イラスト　田中祐子
丸口洋平
撮影協力　ヨネックス株式会社
編集協力　鈴木快美
プロランド

本書で紹介する種目を実施した結果生じた事故や傷害について、著者・発行者は責任を負いません。ご了承ください。

本書の内容と使い方

本書では、ソフトテニスの競技力アップに役立つ、うまく動ける体をつくるトレーニングを紹介しています。トレーニングによっては、メイン種目に加えて、EASY種目、HARD種目、バリエーション種目と、豊富なラインナップで掲載しています。Part1では、自分の基礎体力を知るための「セルフチェック」の項目を設けていますので、自分を確認して、自分の目的に応じて、無理のないように実践してみてください。

紹介するセルフチェック&トレーニング

必要な筋力を知る	3 項目
基礎体力を知る	8 項目
応用体力を知る	4 項目
ウォーミングアップ	18 項目
筋力トレーニング	23 項目
コンディショニング	6 項目

セルフチェック&トレーニングの基本ページ

セルフチェック
自分の運動能力を知ることで、目的をもってトレーニングに取り組める。

Check
背筋力、握力など、チェック項目ごとに計測する。

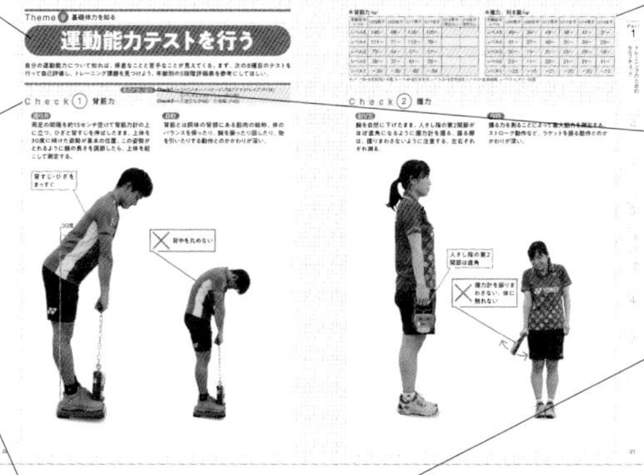

データ
全日本レベルから初心者までの5段階の体力測定データ。

数値が低い場合
どのトレーニングに取り組めば効果が出るかを提示。

主な動作やねらい
トレーニングの端的な説明。自分に必要な種目の選択に便利。

トレーニング名
基本のトレーニング名と、そのトレーニングをわかりやすく解説。

このトレーニングの目的に効果などもプラス。

回数 **時間**
目安となる1セットあたりの回数や時間（逆側も行うことが基本となる。表示している回数は片側の回数）。どの種目も1～3セットの範囲で行う。

望めるプレー向上
ソフトテニスのどんなプレーにつながるか、一例を表記。

Variation
そのトレーニングのバリエーション種目であることを示す。

鍛える部位・能力
意識したい、ターゲットとなる主な部分や能力。

×
間違ったフォームで動いている人に、NGを促す。

!
トレーニング時に、ポイントとなることや注意したいこと。

呼吸についてのページ

集中力を高めるため、脳内の情報が整理される「呼吸」について解説。練習前や試合前に行う、ウォーミングアップのメニューの1つとして紹介。

トレーニングの組み合わせ方のページ

本書で紹介したトレーニングをどのように組み合わせるか。初心者向け、筋力・持久力アップ、体調管理など目的別にプログラム例を紹介。

Part

トレーニングのためのセルフチェック

トレーニングは、目的意識を持つことが大切。
「いま、何のために、どこを鍛えているのか」を
意識するだけで効果が上がるからです。
まずソフトテニスに求められる運動能力を知り、
自分の筋力をチェックして、課題を見つけましょう。

1 ソフトテニスに必要なトレーニングとは

ソフトテニスを理解しよう 自陣12m×11mを守り抜くスポーツ

ソフトテニスプレーヤーが「もっと勝てるようになりたい」「体を改造しよう」とトレーニングを始めるとき、まず知っておかなければならないのは、ソフトテニスの競技性です。

強くなるには競技性に合った効率のいいトレーニング計画が必要。ソフトテニスの動きとは関係のないトレーニングをしてもあまり意味がありません。

では、ソフトテニスとはどんな競技なのでしょうか。理解のためにまずコートを見ていきましょう。ソフトテニスのコートの広さは、縦23.77メートル、横10.97メートル。自陣のエンドは縦約12メートル×横約11メートル。日本ではダブルスが主流なので、自陣のエンドでラリーが途切れないように２人が力を合わせて戦うスポーツだといえるでしょう。

また、試合はおよそ30～40分かかります。ラリーが途切れる時間や、パートナーが動いている場合があるので、実際に自分が動いている時間はずっと短い。１打は長くても２秒かからず、ラリーはだいたい５～６球で途切れます。前衛同士の打ち合いだったら、ボールの応酬時間はさらに短く、０コンマ何秒の世界での戦いです。

これらの数字から、ソフトテニスは

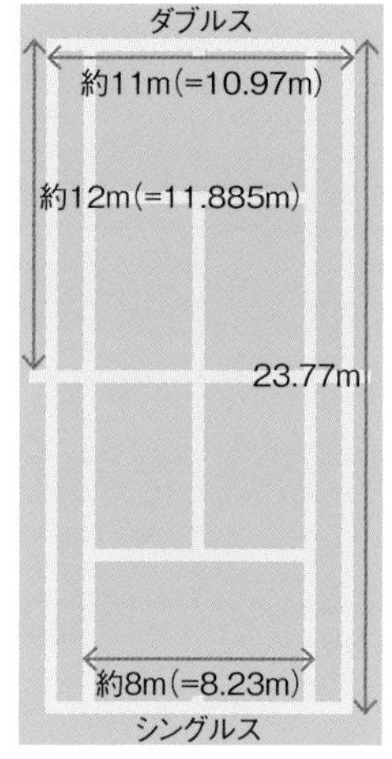

●知っておきたいソフトテニスの「数字」

ダブルス

試合時間	30～40分
サービスからレシーブまでの到達時間	約0.7秒
ストロークを打たれたときの到達時間	約１秒
ロビングが返球されたときの到達時間	約1.5秒
1ラリーあたりの打球数	約５～６打

シングルス

1ラリー平均移動距離	18m
総移動距離	1000m
1ラリー平均移動速度	2.3m/秒
平均プレー時間	５秒以内→30% 10秒以内→83%

「10m以内のダッシュを間欠的に30～40分繰り返すスポーツ」だといえます。

つまりソフトテニスにはボールに追いつくスピードや素早く球に反応する敏捷性がより求められているのです。そのうえで何試合（長時間）も戦い抜く持久力（スタミナ）が必要となります。

ボールまでしっかりと足を運び、相手コートに入れなければポイントは取れませんから、最低限必要なのは、しっかりとボールまで足を運び続けられる体づくり。トレーニングもこの事実を踏まえ、計画を立てていかなくてはなりません。

「応用体力」「機能体力」も上げる

もちろんボールまで足をしっかり運べたとしても、体勢が悪かったら手打ちになって、相手のチャンスボールになってしまうこともあるし、周りを見る余裕がなければ前衛がいる方向に打ってしまうことがあるかもしれません。

試合に勝つためには、ボールに追いつくだけでなく、ミスのない「いい返球」をしなくてはならないのです。

そのために求められる運動能力とは、威力あるボールを打つためのパワー、ボールを正確に操るコーディネーション能力、予想の逆を突かれても素早く反応できる敏捷性、疲れてきても崩れない体幹の強さなど、さまざまなことがあげられます。ボールがどこへいつ到達するのか、素早く察知する空間認知力なども大切です。

このように体力には「基礎体力」「応用体力」「機能体力」という３つの要素があり、どの運動でも複合的にこれらを使っています。

ざっくり分類すると、ボールに追いつくまでが、おもに「基礎体力」。追いついてから質のいい球を打つまでに求められるのは「応用体力」。この本では、さらに神経機能や反射作用を支える「機能体力」を高めるエクササイズを紹介します。

●ソフトテニスで必要な体力要素

体力要素	柔軟性	巧緻性
敏捷性	瞬発力	反応力
バランス	筋力	リズム
筋持久力	スピード	協調性

船水颯人Message

トレーニングは勝ちにつながる

ソフトテニスは短期決戦のスポーツ。実力が拮抗する相手と戦う場合、最後はフィジカルの強さで決着がつくことが多いものです。トレーニングには、間違いなく有効性があります。

体づくりでは、ボディバランスを整えることも大事です。目、肩、股関節の3点の傾きを極力減らすことを意識しています。とくに目の左右バランスは、視覚情報を正確に得るために重要だと思います。

2 自分を知ることで課題を見つける

運動能力テストをやってみよう

ソフトテニスプレーヤーにどんな運動能力が求められるかわかってきたら、効率的なトレーニング計画を立てるために「自分を知る」ことが必要です。ソフトテニスプレーヤーらしい体をつくるために、自分の体力がどれくらいのレベルにあるのか、どんな動きが得意で、不得意な動きは何なのか、やみくもに鍛えるのではなく、計画的に鍛えましょう。

Part 1 では、ナショナルチームの選手も行っている運動能力テストを紹介しました。体力の強弱の要素や種目の得意、不得意は選手によって異なってくるものです。さまざまな測定の中でとくに数値が低かった項目は、重点的に向上させる必要があるととらえてください。P167の付録に目的別のトレーニングプログラムを作成しましたので、自分の課題を見つけて実践しましょう。

「どこを鍛えるのか」意識する

基礎知識としてソフトテニスに必要な筋肉や腱の名前も覚えておきましょう。名前がついているだけで400以上の筋肉があるので、最初からすべてを覚える必要はありません。上記に最低限、覚えてほしい名称を紹介します。筋肉名をしっかり覚えておくと、トレーニングをするとき、どの筋肉を鍛えるためにやっているのか意識でき、トレーニング効果は倍増します。

ソフトテニスに大切な主な筋肉

上半身

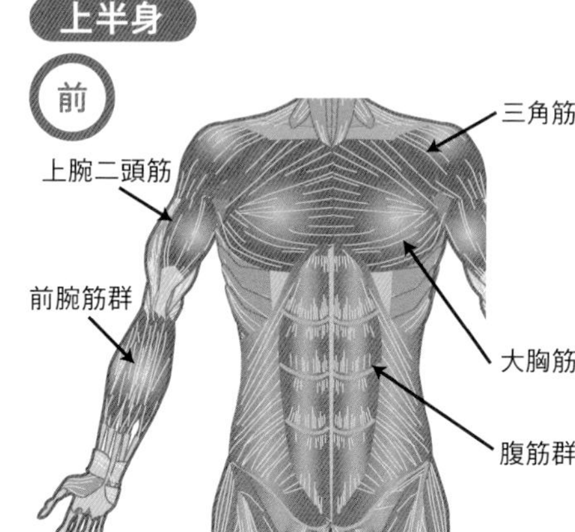

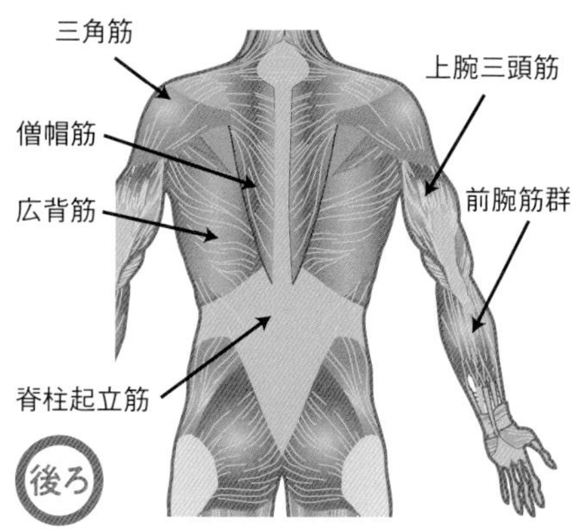

「体幹」について知る

本書では各種目にどの部位や能力を鍛え

腹筋

内腹斜筋
腹横筋
腹直筋
外腹斜筋

下半身

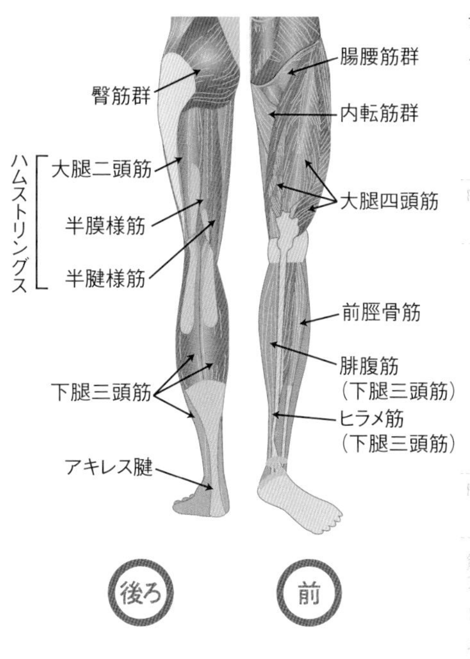

るかを示してありますが、なかでもよく登場するのは「体幹」です。ご存じの方も多いと思いますが、「体幹」は筋肉名ではありません。明確な定義づけはないものの、本書では頭や手脚を除いた「胴体部分」の筋群を「体幹」とします。

その役割はおもに姿勢を維持することです。しかし、急いでボールをとりにいくと、前のめりになったり、体が外に流されてしまったりと体勢は崩れがちに。体をコントロールできなくなると威力あるボールを飛ばせないばかりか、目線がブレてしまい、ミスを引き起こす原因になってしまいます。しかし、ピンチのときも姿勢が安定していれば、しっかり球を打ち返すことができ、ミスも出にくくなります。この姿勢を維持する力こそ、体幹なのです。

手脚の筋群とも連動して動いているので、体幹の安定は重要。日常生活でもきれいな姿勢をつくることを意識してください。

3 肩甲骨&股関節の動きを知ろう

肩甲骨&股関節の可動域を広げる

ソフトテニスでは、肩甲骨や股関節の働きがよければ、大きなアドバンテージを得ることになります。

たとえばテークバックするとき、肩甲骨を大きく後ろに引ければ、それだけ威力のあるボールを飛ばせます。弦を強く引けば、強い矢を放てるのと同じ原理です。ときどき強いボールを打ちたくて、一生懸命、腕を鍛えている方がいますが、強いボールは強靭な筋力よりむしろ正しい体の使い方から生まれます。

肩甲骨まわりの可動域が広ければ、ぎりぎりのボールにも届く可能性もグッとアッ

肩甲骨まわり

●上下

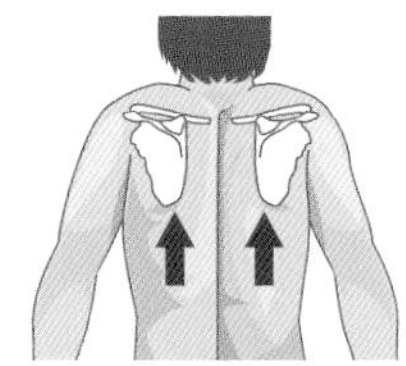
挙上
（肩を上げる）

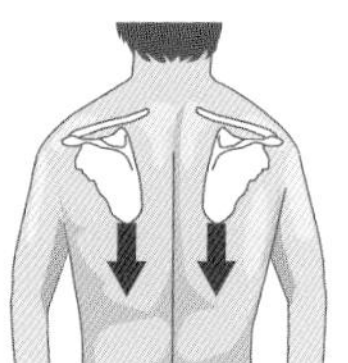
下制
（肩を下げる）

股関節まわり

●屈曲・伸展

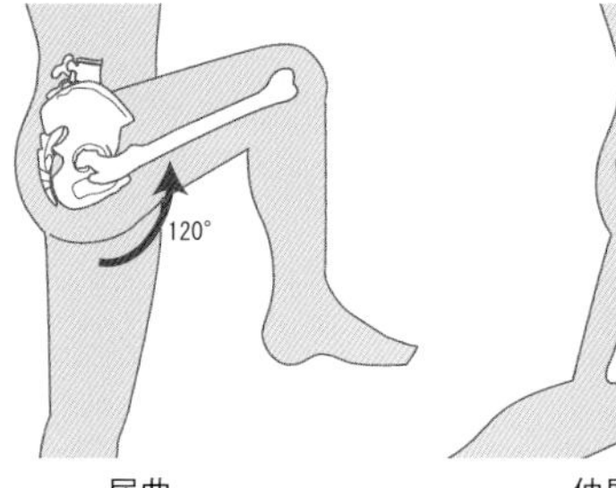

屈曲
（脚を前に上げる）

伸展
（脚を後ろに引く）

プするでしょう。

股関節についても同様です。股関節を大きく開くと、スイングのための安定した土台ができます。とくにスイング時の回転動作では、軸をしっかり保つことができ、ショットが安定。しなやかに体を動かせるので、次の球への準備も素早く行えます。

動き出しのスピード（パワー）や切り返し動作のスピードの向上にも深いかかわりがあり、動作スピードも相乗的にアップします。股関節を大きく、効率よく動かすことで、下半身のパワーが生まれるのです。

このように肩甲骨は上半身の主要筋肉と、股関節は下半身の主要筋肉と連動しており、これらの働きをよくすることは、即パフォーマンスアップにつながります。本書で、２つの働きをよくするエクササイズをたくさん紹介している理由です。

肩甲骨・股関節は6方向に動く

そんな大切な肩甲骨と股関節なので、これらがどう動くかを知っておきましょう。まず肩甲骨ですが、肩甲骨まわりの筋肉やじん帯によって６方向に動かせる特徴があります。「上下」、「内外」、「斜め上下」の６方向です。股関節もまた「屈曲・伸展」、「外転・内転」、「外旋・内旋」の６方向に動きます。

これらの点を意識して本書で関連するエクササイズを行ってください。

●内外

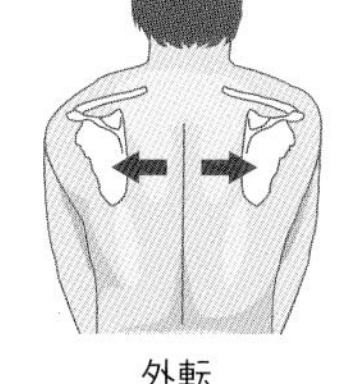

外転
（背中を開く）

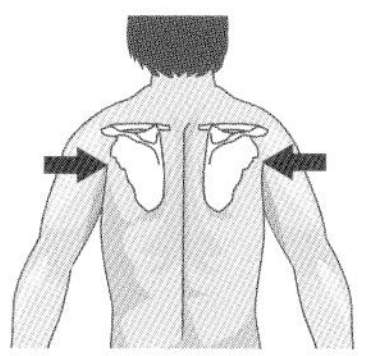

内転
（背中を閉じる）

●斜め上下

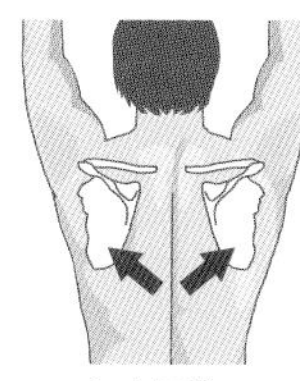

上方回旋
（腕を上げる）

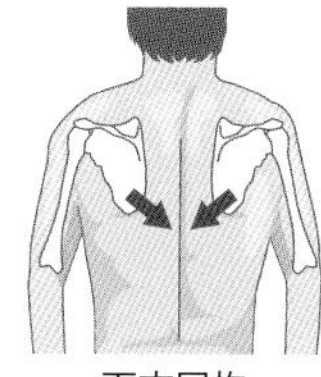

下方回旋
（腕を下げる）

●外転・内転

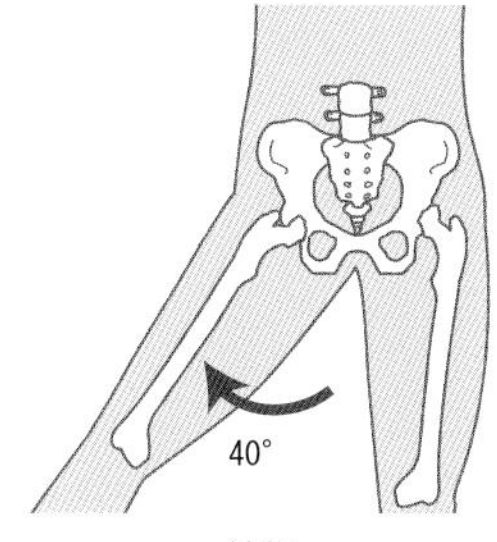

外転
（脚を外に上げる）

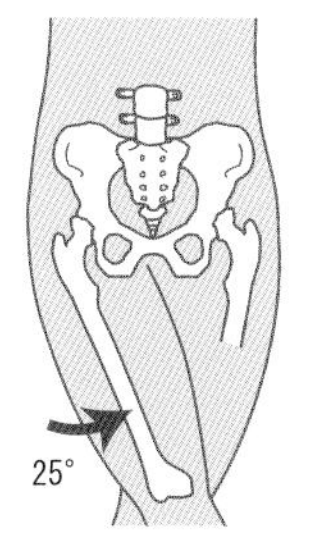

内転
（脚を内に引き寄せる）

●外旋・内旋

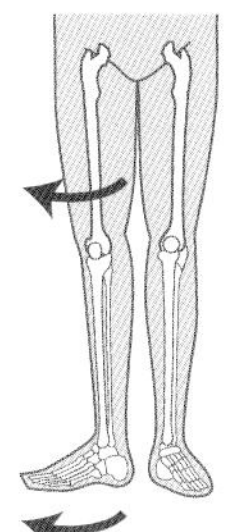

外旋
（外股にする）

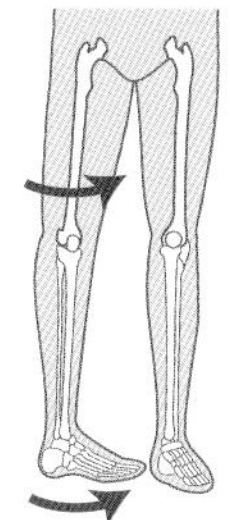

内旋
（内股にする）

Theme 1 ソフトテニスに必要な筋力を知る

立ち姿勢&待球姿勢をチェックする

ソフトテニスプレーヤーは、筋肉の発達において左右や前後に差が出やすい。バランスが崩れたままだと、パフォーマンスに悪影響を及ぼし、ケガの原因にもなる。鏡を見るなどしてボディバランスを定期的にセルフチェックしよう。

正面

左右の目、肩、骨盤のラインが床と平行になっているのが理想の姿勢。ソフトテニスプレーヤーは、利き腕側の肩が下がりやすい。左右差があると、フォア側とバック側のどちらかで弱点が生まれやすくなる。

ストローク

ストローク時も体の軸はまっすぐなのが理想だ。腰をスムーズに回転させ、効率的にボールへ力を伝えられる。目線がブレないのでミスが起きにくくなる。上体が起きると視野も広がる。

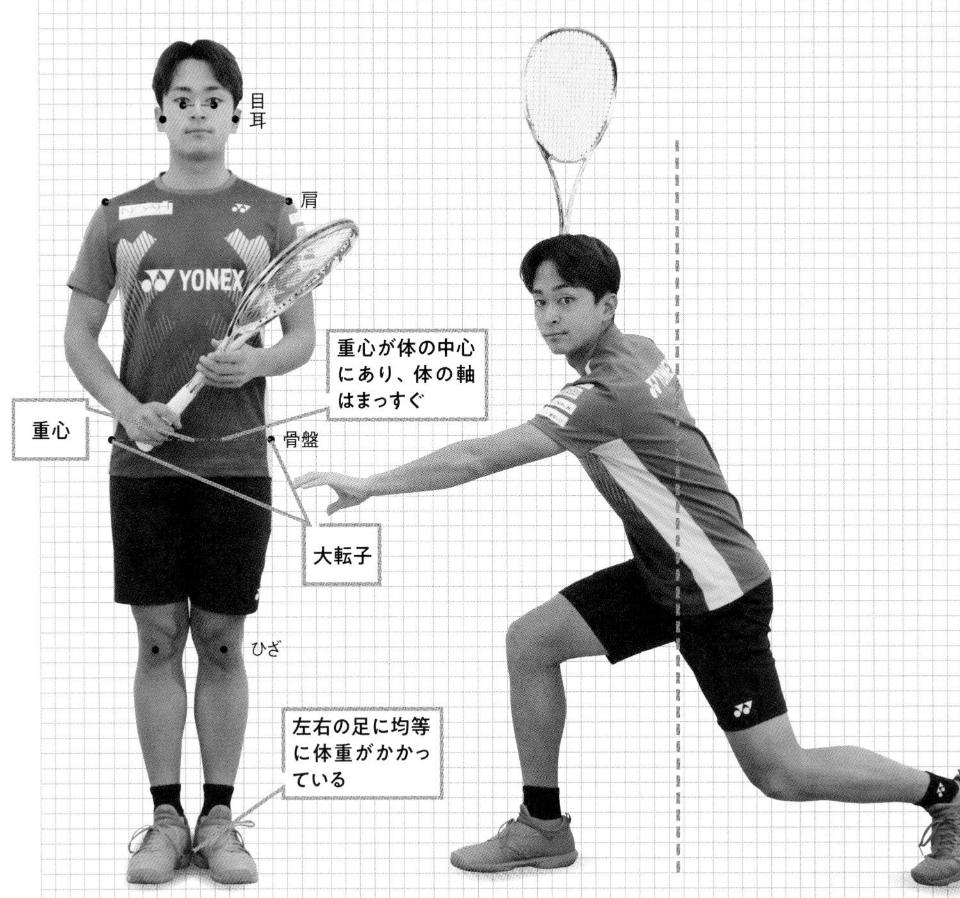

Advice

猫背はNG

猫背になって体の軸が曲がっていると、フォームが小さくなり、威力のあるボールを飛ばせない。可動域も狭く、体を動かせる範囲が限定される。

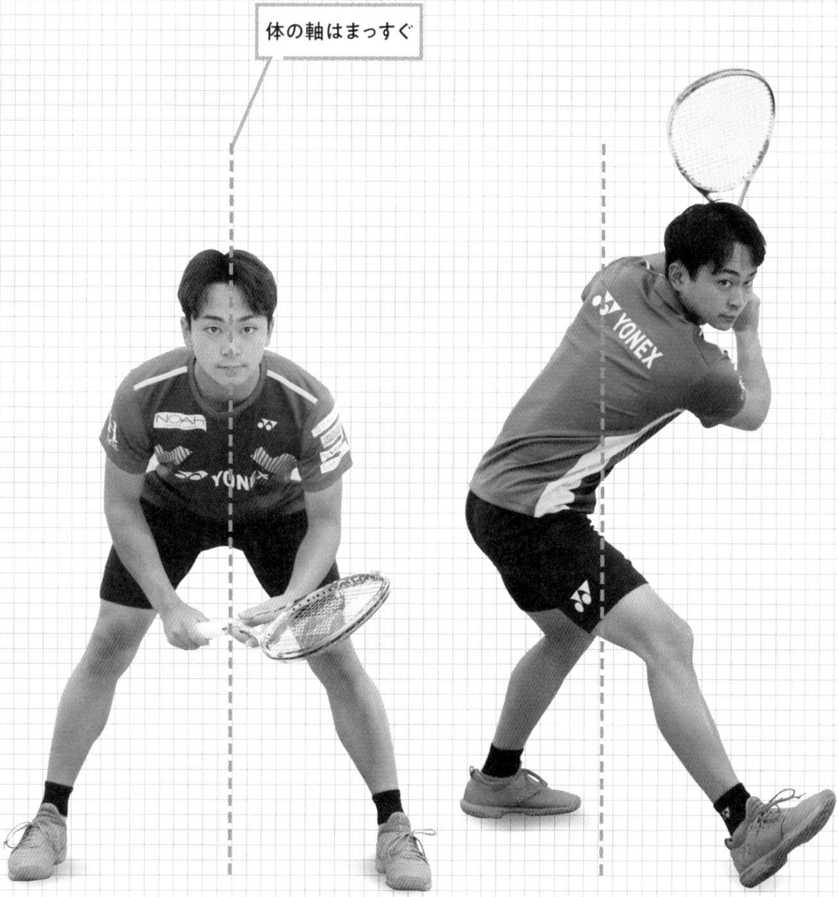

体の軸はまっすぐ

Theme 1 ソフトテニスに必要な筋力を知る

ストロークをチェックする

ストロークするとき、どんな筋肉•部位がおもに使われていくかをチェックする。どんなプレーを向上させるためにトレーニングするのか、意識して行うと効果的だ。

フォアハンド

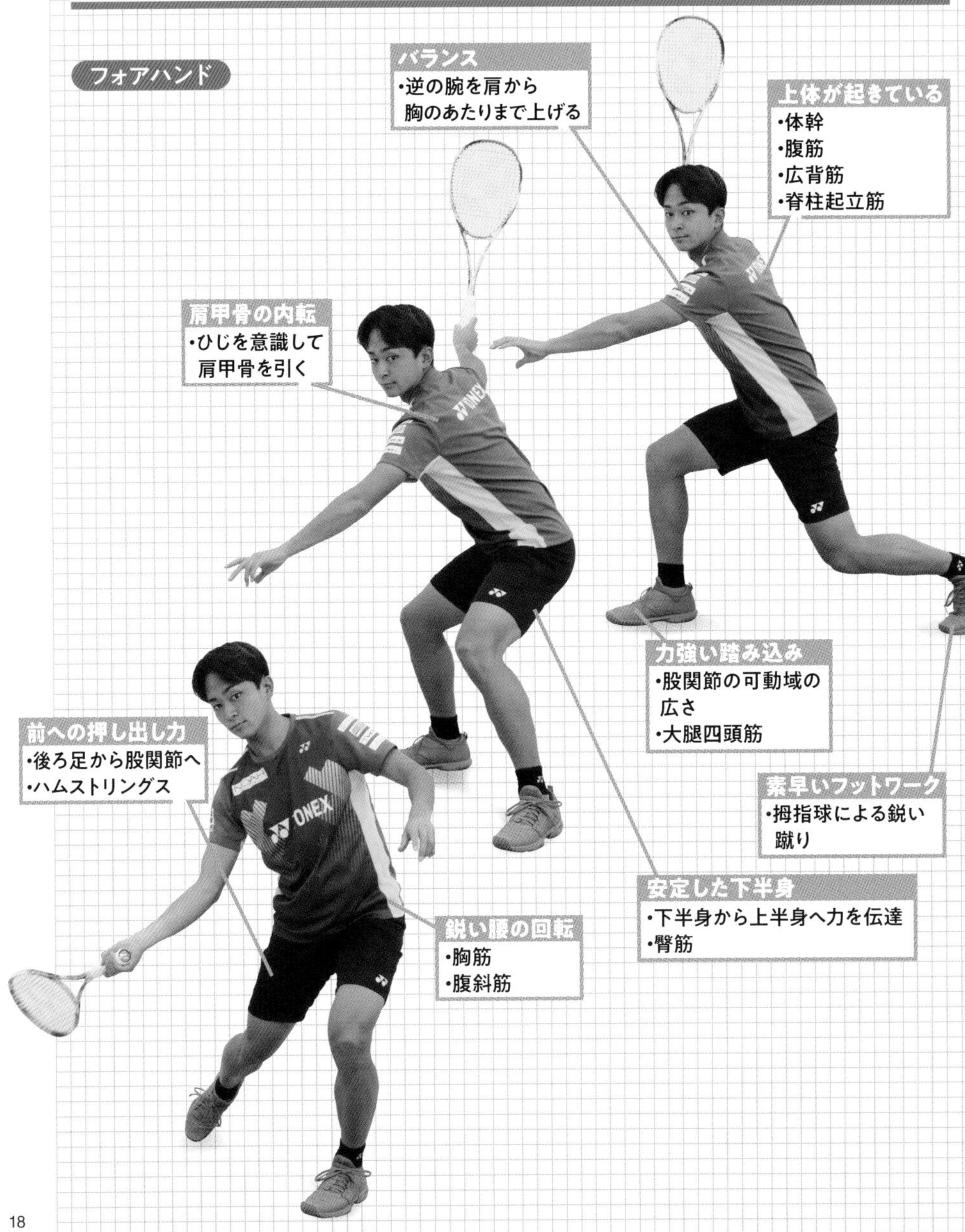

・体幹
・腹筋
・広背筋
・脊柱起立筋

大きなテークバック
・肩甲骨の可動域の 広さ
・左肩甲骨の内転を意識

体重移動
・前足への体重移動
・かかとからの着地

安定したバランス
・太もも
・ふくらはぎ

Theme 1 ソフトテニスに必要な筋力を知る

ボレー&スマッシュをチェックする

ボレーやスマッシュするとき、どんな筋肉•部位がおもに使われていくかをチェックする。トレーニングをするときは、どんなプレーを向上させるためなのか、意識して行ってほしい。

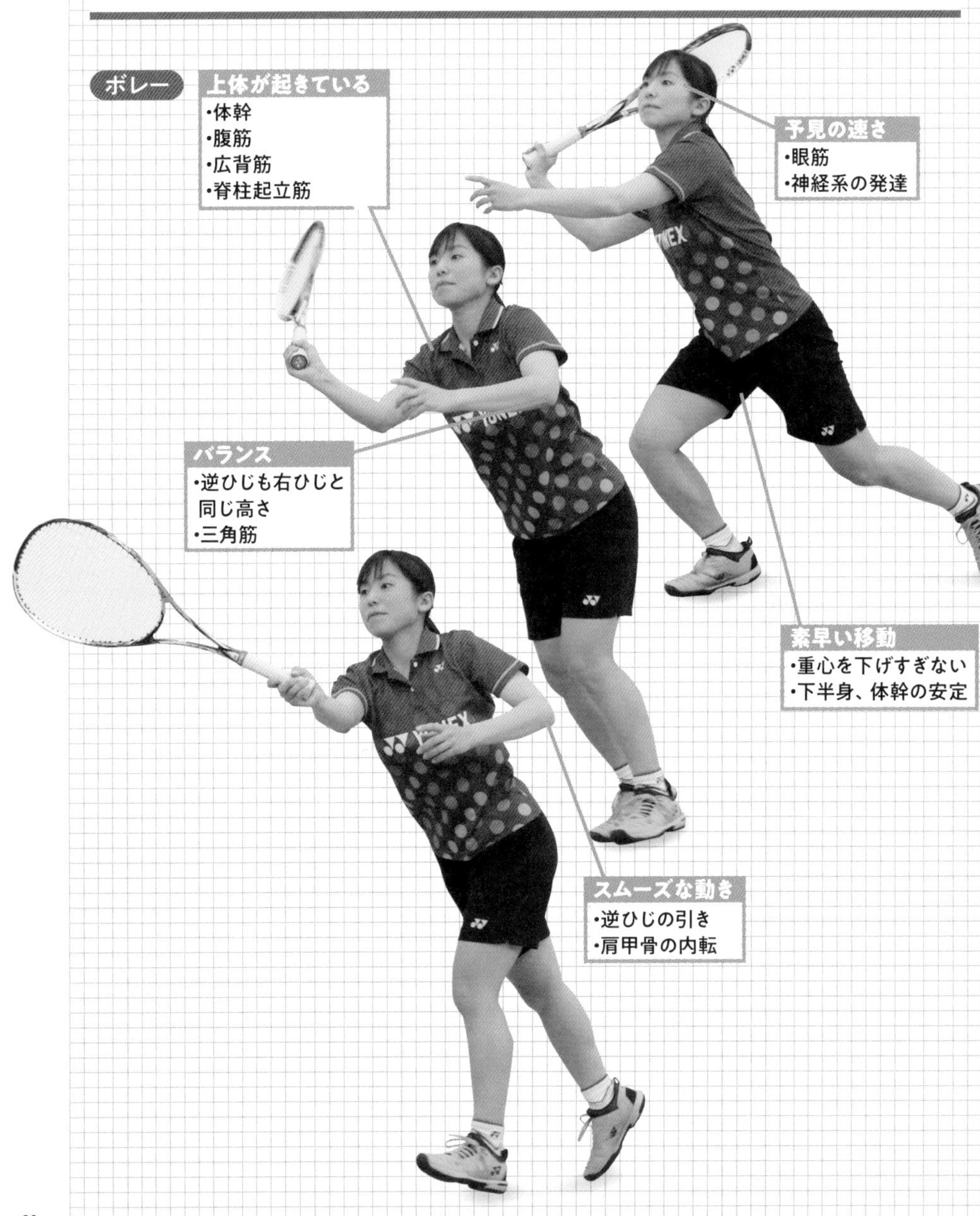

スマッシュ

オーバーヘッド
・背中の反り
・逆腕の挙上
・三角筋
・体幹

ゼロポジション
・ひじは耳横までは近づけない
・体幹を傾ける
・肩甲骨の上方回旋

腹筋力
・腹筋の収縮による肩への連動
・腹筋群（主に腹直筋）

クロスステップ
・小刻みなステップ
・内転筋

左腕のたたみ
・左腕を下げることで右腕が回る
・肩甲骨の下方回旋

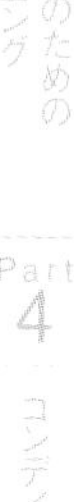

Theme II 基礎体力を知る

運動能力テストを行う

自分の運動能力について知れば、得意なことと苦手なことが見えてくる。まず、次の8種目のテストを行って自己評価し、トレーニング課題を見つけよう。年齢別の5段階評価表を参考にしてほしい。

数値が低い場合 Check① →①ベントオーバーローイング&リアサイドレイズ(P100)
②バックエクステンション(P126)
Check② →①逆立ち(P46) ②側転(P48)

Check 1 背筋力

測り方

両足の間隔を約15センチ空けて背筋力計の上に立つ。ひざと背すじを伸ばしたまま、上体を30度に傾けた姿勢が基本の位置。この姿勢がとれるように鎖の長さを調節したら、上体を起こして測定する。

目的

背筋とは胴体の背部にある筋肉の総称。体のバランスを保ったり、腕を振ったり回したり、物を引いたりする動作とのかかわりが深い。

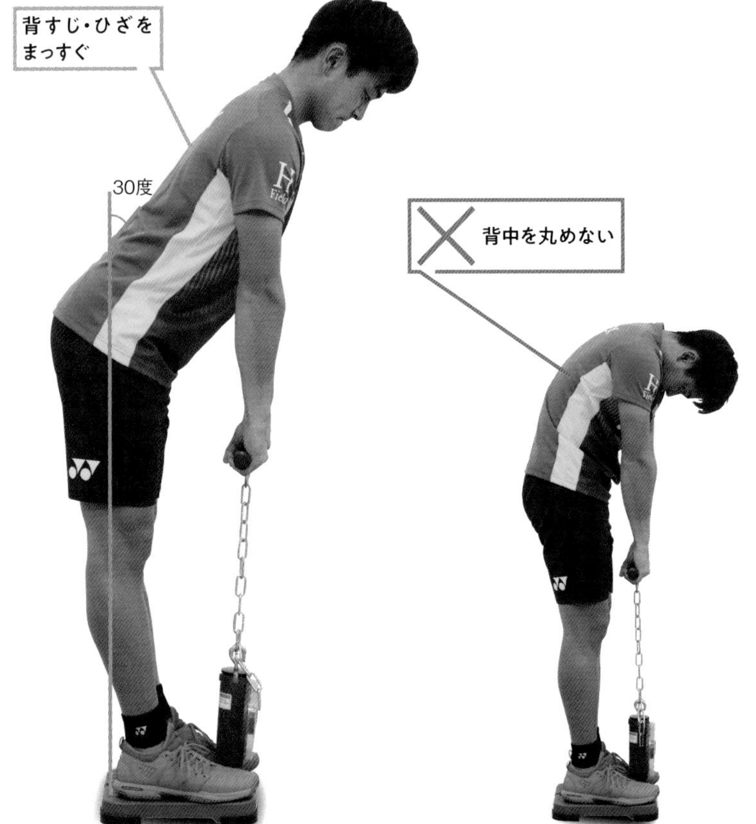

●背筋力(kg)

年齢区分 レベル	U20男子	U20女子	U17男子	U17女子	U14男子 (測定なし)	U14女子 (測定なし)
レベル5	146〜	88〜	138〜	100〜		
レベル4	111〜	71〜	113〜	79〜		
レベル3	75〜	54〜	87〜	57〜		
レベル2	39〜	37〜	61〜	35〜		
レベル1	〜38	〜36	〜60	〜34		

●握力／利き腕(kg)

年齢区分 レベル	U20男子	U20女子	U17男子	U17女子	U14男子	U14女子
レベル5	49〜	34〜	49〜	36〜	41〜	31〜
レベル4	41〜	27〜	40〜	31〜	34〜	25〜
レベル3	32〜	19〜	31〜	26〜	26〜	18〜
レベル2	23〜	11〜	22〜	21〜	21〜	11〜
レベル1	〜22	〜10	〜21	〜20	〜20	〜10

*レベル5=全日本加入可能、レベル4=全日本平均、レベル3=全日本目前、レベル2=成長段階、レベル1=ビギナー段階

Check ② 握力

測り方

腕を自然に下げたまま、人さし指の第2関節がほぼ直角になるように握力計を握る。握る際は、握りまわさないように注意する。左右それぞれ測る。

目的

握る力を測ることによって最大筋力を測定する。ストローク動作など、ラケットを振る動作とのかかわりが深い。

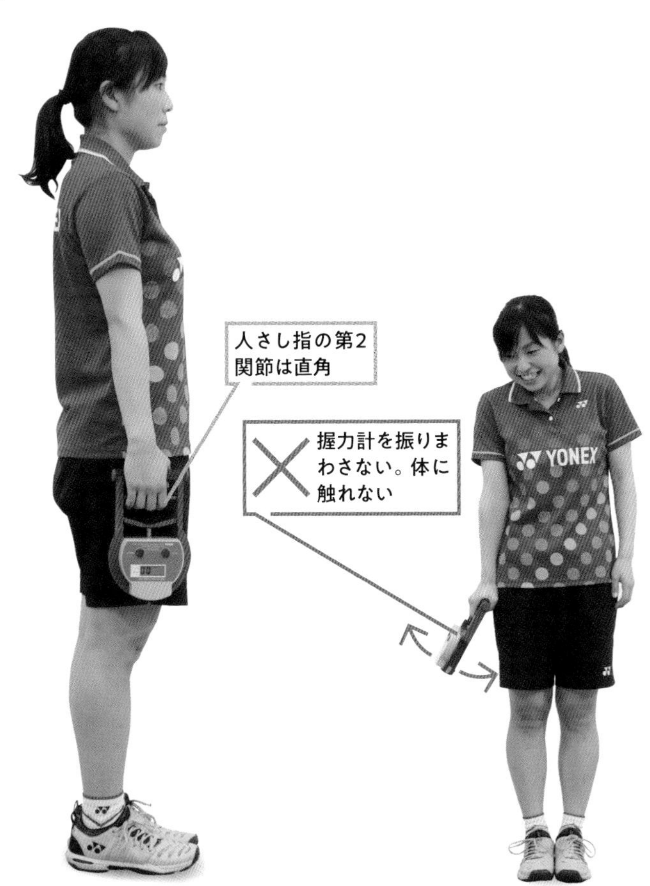

運動能力テストを行う

数値が低い場合 Check③→①コートでのスタミナトレーニング(P152)
Check④→①体幹のスタティック・ストレッチ(P160)
②下半身のスタティック・ストレッチ(P161)

Check ③ シャトルスタミナテスト(持久力)

測り方

ネットに沿ってコーン10個を1メートルごとに置く。選手はコート中央付近で10メートルの往復を3分間繰り返し、走った距離を計測する。走路の両端に置いたコーンの外側をターンする。

目的

無酸素運動から有酸素運動へ切り替わる地点でのエネルギー持続能力を測定する。連戦にどれくらい耐えられるかの指標になる。

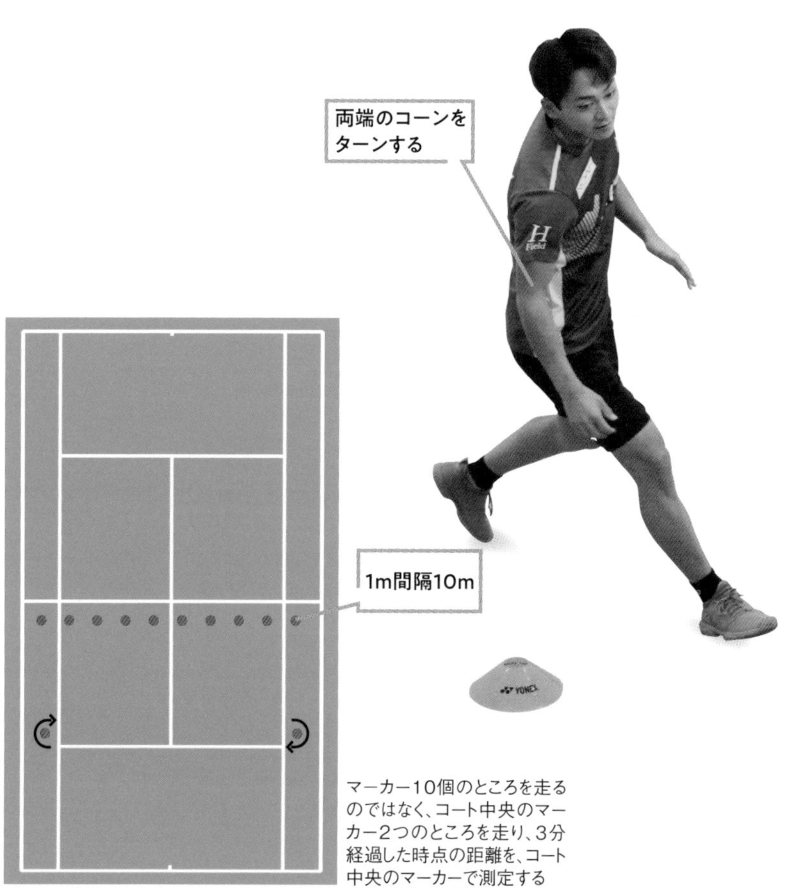

マーカー10個のところを走るのではなく、コート中央のマーカー2つのところを走り、3分経過した時点の距離を、コート中央のマーカーで測定する

●シャトルスタミナ(m)

年齢区分 レベル	U20男子	U20女子	U17男子	U17女子	U14男子	U14女子
レベル5	564〜	532〜	666〜	546〜	538〜	535〜
レベル4	537〜	505〜	644〜	529〜	521〜	512〜
レベル3	510〜	477〜	621〜	511〜	503〜	488〜
レベル2	483〜	449〜	598〜	493〜	485〜	464〜
レベル1	〜482	〜448	〜597	〜492	〜484	〜463

●長座体前屈(cm)

年齢区分 レベル	U20男子	U20女子	U17男子	U17女子	U14男子	U14女子
レベル5	15〜	13〜	12 〜	18〜	12〜	15〜
レベル4	4〜	2〜	7〜	12〜	5〜	9〜
レベル3	-7〜	-8〜	1〜	5〜	-1〜	2〜
レベル2	-18〜	-18〜	-4〜	-1〜	-7〜	-4〜
レベル1	〜-19	〜-19	〜-5	〜-2	〜-8	〜-5

*レベル5=全日本加入可能、レベル4=全日本平均、レベル3=全日本目前、レベル2=成長段階、レベル1=ビギナー段階

Check ④ 長座体前屈(柔軟性)

測り方

選手と補助者は向かい合い、靴を脱いで足裏を合わせる。選手は前屈し、指先が足裏からどれだけ出たかを測定する。

目的

筋肉がどれだけ伸びるかなど、体の後面の柔軟性を測る。体を動かすときの可動域の広さやケガのしにくさを評価する指標になる。

足から手が出た距離を測る

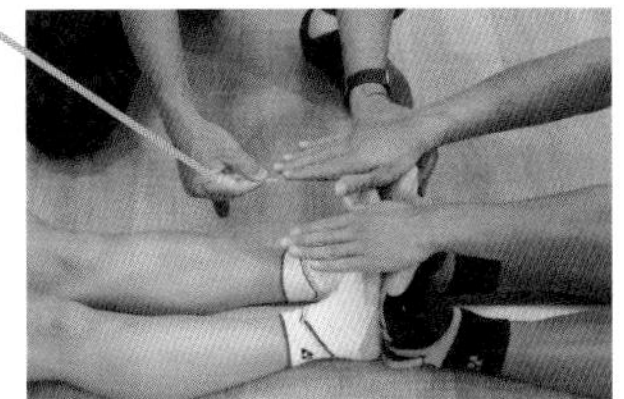

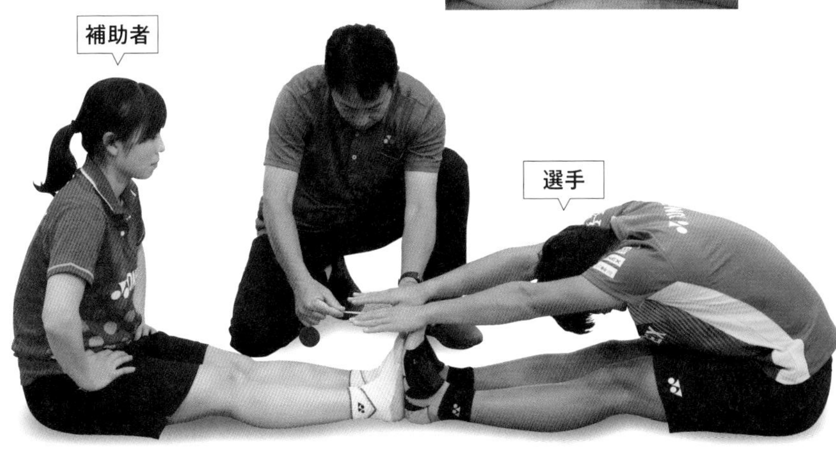

Theme Ⅱ 基礎体力を知る

運動能力テストを行う

数値が低い場合 Check⑤→①シットアップ・クランチ・レッグレイズ(P120)
②プランク(P116)
Check⑥→①プッシュアップ(P96)

Check 5 上体起こし(筋持久力)

測り方

選手は両手を胸にクロスして仰向けになり、ひざを90度にした姿勢から上体を起こす。30秒間に何回できるかを測る。

目的

一度に複数の筋肉を使える能力、その能力をどれくらい持続できるかの指標になる。

足が上がらないようにしっかり押さえる

●上体起こし(回/30秒)

年齢区分 レベル	U20男子	U20女子	U17男子	U17女子	U14男子	U14女子
レベル5	36〜	34〜	36〜	35〜	33〜	28〜
レベル4	31〜	28〜	31〜	30〜	28〜	24〜
レベル3	25〜	22〜	25〜	24〜	22〜	19〜
レベル2	19〜	17〜	19〜	18〜	16〜	14〜
レベル1	〜18	〜16	〜18	〜17	〜15	〜13

●腕立て伏せ(回/30秒)

年齢区分 レベル	U20男子	U20女子	U17男子	U17女子	U14男子	U14女子
レベル5	40〜	21〜	37〜	20〜	30〜	19〜
レベル4	32〜	12〜	26〜	13〜	22〜	11〜
レベル3	23〜	3〜	15〜	4〜	14〜	3〜
レベル2	14〜	1〜	4〜	1〜	6〜	1〜
レベル1	〜13	0	〜3	0	〜5	0

*レベル5=全日本加入可能、レベル4=全日本平均、レベル3=全日本目前、レベル2=成長段階、レベル1=ビギナー段階

Check 6 腕立て伏せ(筋持久力)

測り方

選手は補助者が床に置いた握りこぶしにあごがつくように腕立て伏せを行う。30秒間に何回できるかを測る。

目的

反復動作の能力を測定する。ソフトテニスは反復動作が多いので、正しいフォームを持続して打ち続けられるかの指標になる。

Theme II 基礎体力を知る

運動能力テストを行う

数値が低い場合 Check⑦→ ①ダッシュ(P144)
②斜め体勢のレッグレイズ(P138)
③腕振りトレーニング(P136)
Check⑧→ ①スクワット(P108)
②なわ跳び(P142)
③胸つけジャンプ(P134)

●10m走(秒)

年齢区分 レベル	U20男子	U20女子	U17男子	U17女子	U14男子	U14女子
レベル5	~1.52	~1.74	~1.54	~1.67	~1.62	~1.78
レベル4	~1.63	~1.83	~1.68	~1.80	~1.69	~1.87
レベル3	~1.74	~1.92	~1.82	~1.93	~1.76	~1.96
レベル2	~1.85	~2.01	~1.96	~2.06	~1.83	~2.05
レベル1	1.86~	2.02~	1.97~	2.07~	1.84~	2.06~

Check 7 10m&20mダッシュ(スピード)

測り方

10メートル、20メートルをダッシュした時間をそれぞれ計測する。

目的

ダブルスのサイドラインからサイドラインまでは約11メートル。後衛が左右に走らされた場合、どれくらい速くボールに追いつけるかの指標になる。

20m走(秒)

年齢区分 レベル	U20男子	U20女子	U17男子	U17女子	U14男子	U14女子
レベル5	~2.87	~3.23	~2.86	~3.25	~2.99	~3.29
レベル4	~3.02	~3.40	~3.04	~3.37	~3.14	~3.44
レベル3	~3.17	~3.57	~3.19	~3.49	~3.29	~3.59
レベル2	~3.32	~3.74	~3.34	~3.61	~3.44	~3.74
レベル1	3.33~	3.75~	3.35~	3.62~	3.45~	3.75~

立ち幅跳び(cm)

年齢区分 レベル	U20男子	U20女子	U17男子	U17女子	U14男子	U14女子
レベル5	244~	204~	240~	208~	228~	194~
レベル4	229~	185~	225~	191~	210~	177~
レベル3	214~	166~	209~	173~	192~	160~
レベル2	199~	147~	193~	155~	174~	143~
レベル1	~198	~146	~192	~154	~173	~142

*レベル5=全日本加入可能、レベル4=全日本平均、レベル3=全日本目前、レベル2=成長段階、レベル1=ビギナー段階

Check 8 立ち幅跳び(瞬発力)

測り方

両足を床につけている状態から前方へジャンプして跳んだ距離を計測する。

目的

瞬発的な下半身の筋パワーを測定する。サービス、ボレー、ストロークとの関連性が深い。腕を振ったり、空中で体を反らせたり、手足をタイミングよく動かすなど、体全体を思い通りに動かす能力がどれだけ高いかの指標になる。

Theme III 応用体力を知る

ソフトテニス的運動能力を計る

ソフトテニスは素早く方向転換する動作が多い競技だ。敏捷性などのソフトテニスに求められる運動能力を4つのテストで測っていこう。

数値が低い場合 Check①→①なわ跳び(P142)
②胸つけジャンプ(P134)
Check②→①ラダートレーニング(P146)

Check 1 両足ステップ(敏捷性)

測り方

両足でコーンを跳んだ回数を数える。左右に跳ぶ。測定時間は20秒。

目的

相手が打った球に対し瞬時に反応することが求められるソフトテニスでは、高い敏捷性が必要。敏捷性がどれだけ高いかを測る。

両足ステップ（回／20秒）

年齢区分 レベル	U20男子	U20女子	U17男子	U17女子	U14男子	U14女子
レベル5	62〜	65〜	64〜	70〜	58〜	63〜
レベル4	55〜	59〜	58〜	60〜	54〜	56〜
レベル3	47〜	53〜	51〜	50〜	49〜	49〜
レベル2	39〜	47〜	44〜	40〜	44〜	42〜
レベル1	〜38	〜46	〜43	〜39	〜43	〜41

リズムステップ（回／20秒）

年齢区分 レベル	U20男子	U20女子	U17男子	U17女子	U14男子	U14女子
レベル5	50〜	49〜	47〜	56〜	46〜	50〜
レベル4	43〜	45〜	40〜	49〜	41〜	44〜
レベル3	36〜	41〜	32〜	42〜	35〜	37〜
レベル2	29〜	37〜	24〜	35〜	29〜	30〜
レベル1	〜28	〜36	〜23	〜34	〜28	〜29

＊レベル5=全日本加入可能、レベル4=全日本平均、レベル3=全日本目前、レベル2=成長段階、レベル1=ビギナー段階

Check ② リズムステップ（敏捷性）

測り方

コーンを1つ置く。それを挟んで片足ずつ動き、越えた回数を数える。右側に動くときは右足→左足→右足、左側に動くときは左足→右足→左足の順で足をつく。測定時間は20秒。

目的

両足ステップ同様、敏捷性がどれだけ高いかを測る。リズムステップはより動きが複雑で、神経系の発達が求められる。

右側に動く

左側に動く

1 右足　2 左足　3 右足　4 左足　5 右足　6 左足

左足 右足

4 6　5

左足 右足

2　1 3

Theme Ⅲ 応用体力を知る

ソフトテニス的運動能力を計る

数値が低い場合
Check③→ ①コートでのスタミナトレーニング(P152)
Check④→ ①起き上がりトレーニング(P130)
②コートでのスタミナトレーニング(P152)

Check 3 スパイダーテスト(敏捷性・応用性)

測り方

コート内の5カ所にボールを乗せたマーカー、スタート地点にはカゴを置く。スタート地点から①~⑤の順でボールを拾い、カゴに集める。集め終わるまでの時間を計測する。ボールを投げ入れないように注意する。

目的

素早い切り返しと短い時間でのエネルギー発揮能力を測定する。

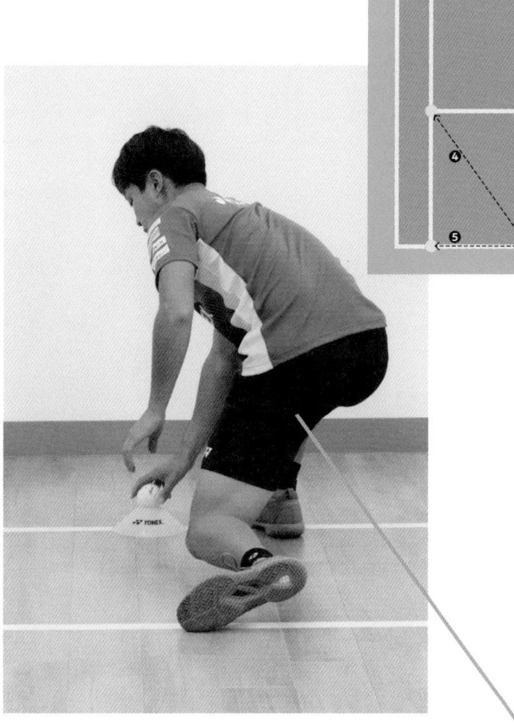

前のめりではなく、腰を落として拾うのがベター

●スパイダーテスト(秒)

年齢区分 レベル	U20男子	U20女子	U17男子	U17女子	U14男子	U14女子
レベル5	~17.6	~16.6	~15.9	~18.1	~17.3	~19.1
レベル4	~18.6	~17.5	~16.7	~19.1	~18.0	~20.4
レベル3	~19.5	~18.3	~17.4	~20.0	~18.6	~21.7
レベル2	~20.4	~19.1	~18.0	~20.9	~19.2	~23.0
レベル1	20.5~	19.2~	18.1~	21.0~	19.3~	23.1~

●コート5周走(秒)

年齢区分 レベル	U20男子	U20女子	U17男子	U17女子	U14男子	U14女子
レベル5	~65.7	~76.3	~65.0	~75.9	~67.6	~77.6
レベル4	~68.3	~81.9	~67.5	~79.1	~71.3	~80.2
レベル3	~70.9	~87.4	~70.0	~82.3	~75.0	~82.7
レベル2	~73.5	~92.9	~72.5	~85.5	~78.7	~85.2
レベル1	73.6~	93.0~	72.6~	85.6~	78.8~	85.3~

*レベル5=全日本加入可能、レベル4=全日本平均、レベル3=全日本目前、レベル2=成長段階、レベル1=ビギナー段階

Check ④ コート5周走(スピード持久力)

測り方

コート5周を走った時間を計測する。コーナーには補助者を立たせ、選手がしっかり回れるようにする。

目的

速いスピードを保ってどれだけ走り抜けるか、スピード持久力の指標にする。

正しく計測するためにコーナーに補助者を立たせる

Column 1

アライメントから自分を知る

アライメントとは、骨や関節の配列のこと。正しい配列になっていれば、ボディバランスに優れていると考えられ、それだけいいパフォーマンスを発揮できます。

しかし、アライメントが崩れていると関節や筋、じん帯などに負担がかかってしまい、安定感に欠けるばかりか、直接その部位に痛みが起きたり、弱い部分をカバーするため他の部位に痛みが起きたりすることも。O脚やX脚、外反母趾等はアライメント不良により起こった事例です。

ソフトテニスは利き手を多用するので、体に不均衡や弱点が生まれやすい傾向があります。柔軟性や筋力、持久力といった基礎体力は、機能的な体の上に成り立つものなので、日頃からアライメントが崩れていないか、チェックしましょう。アライメント不良が見つかったときは、ストレッチで硬い箇所をほぐしたり、弱い部分を重点的にトレーニングしてください。

アライメントのチェック例① **ハムストリングス(太ももの裏側)**

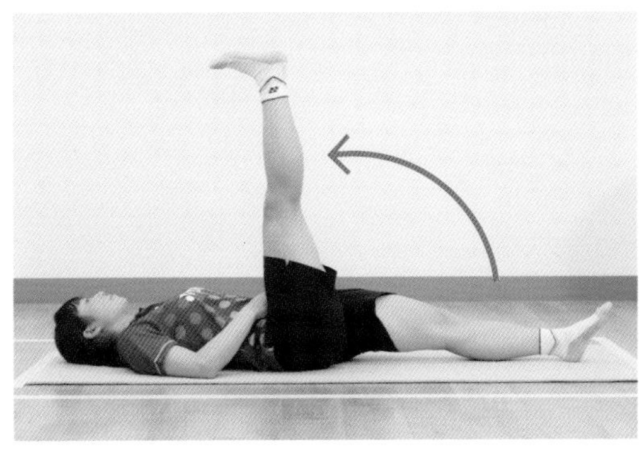

挙上角度が70度以下はアライメント不良の可能性がある

アライメントのチェック例② **肩甲骨**

柔軟性に左右差がないかチェック

Part

ウォーミングアップ

パフォーマンス向上やケガ予防のため
ウォーミングアップは欠かせません。
激しい練習や試合の前に、
神経系の働きを刺激し、体をしっかり温め、
筋肉や腱がスムーズに動くようにしましょう。

1 集中力をアップし神経系を目覚めさせよう

最初に心の状態をつくる

目覚めた直後、頭がボーっとしているのと同様に、運動前の体もぎこちないものです。そこで練習や試合の前には必ずウォーミングアップを行い、体の働きを100パーセント発揮できる状態をつくりましょう。

本書のウォーミングアップの特徴は、いきなり体を大きく動かし始めない点にあります。いくらいい練習をしても、練習目的が曖昧で集中力に欠けていたら、成果は多く得られません。そこで、まず有効なのが「呼吸法」です。

ウォーミングアップとして、呼吸法で横隔膜を刺激し、心の状態を整えるセロトニンホルモンを脳内に分泌させることから始めます。呼吸法によって「今日の練習は何が課題か」「試合をどう進めていこうか」など、頭を整理することができるでしょう。その日にやるべきことがはっきりすれば、やる気も自然とアップするはず。川上流のウォーミングアップでは、最初に「心」の状態をつくっていきます。

神経系の働きをよくする

心の状態を整えられたら、次にアプローチするのは神経系です。神経系を刺激することでコーディネーション能力を高めていきます。Ｐ90に説明しているとおり、コーディネーション能力は７つに分類でき、これらすべてをウォーミングアップで高めていくことが大事です。

バランス運動などを行うと、自分の体がどういう状況かを察知するさまざまなセンサー（感覚器）を早く目覚めさせることができます。体の機能を繊細に呼び起こしたうえで動作的な運動に移ると、体はより動いてくれるようになるのです。

本書では心を整えること、神経系を活性化させることもウォーミングアップとして重要視し、心と神経系の準備ができて初めて身体的な「ウォーミングアップ」に入ります。ウォーキングや軽いジョギングを行って血流量を徐々に上げ、筋温を上昇させましょう。心臓や肺への急激な負担を避けることができます。

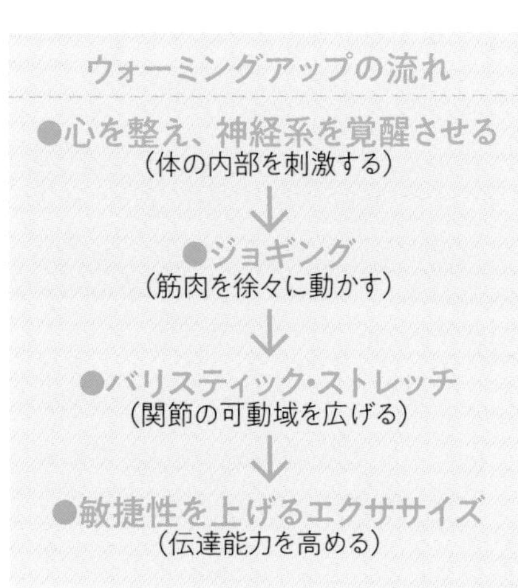

2 バリスティック・ストレッチを知る

競技動作に近い運動を取り入れる

ジョギング等で体が十分温まったら、動的ストレッチとも呼ばれるバリスティック・ストレッチで関節の可動域を広げていきます。腕や足などをいろいろな方向に反動をつけて動かすことで、関節の可動域を広げられるストレッチです。交感神経が優位に働きやすくなるため、心も体も活発に動くようになります。神経と筋肉の連動性も高まるので、筋肉の収縮スピードが上がり、運動パフォーマンスが上がります。本書では、なるべくソフトテニスの動作に近いエクササイズを取り入れました。

一方、ストレッチといえば、一般的に筋肉や関節をじっくり伸ばしていくスタティック・ストレッチ（静的ストレッチ）を思い出す人が多いでしょう。じつは、こちらは副交感神経を優位にし筋肉を弛緩させてしまうため、「これから体を動かそう！」というときには不向きです。主にクーリングダウンとして用いられています。バリスティック・ストレッチとスタティック・ストレッチの違いを覚えておいてください。

またバリスティック・ストレッチを行うときの注意点は次のとおりです。

❶体を温めてから行う
❷痛みが出るほど行わない
❸余分な力を抜き、徐々に動きを大きくする
❹呼吸を止めない

バリスティック・ストレッチのあとは、敏捷性を高めるためのウォーミングアップも紹介しました。これらは、日本代表選手も合宿や試合前に行っている内容です。すべてを行うのには時間がかかりますが、このウォーミングアップを行うと、パフォーマンスが必ず違ってきますので、積極的に行ってください。

なお、とくに行ってほしいウォーミングアップ項目はP173に紹介しました。基本的に必要な体力強化要素を含み、単に準備体操というだけではありません。毎日しっかり行うと基礎体力が徐々に養われていきます。

回数を変えれば筋力トレーニングになるエクササイズもたくさんあり、この章ではトレーニングにしたい場合の回数も示しました。工夫して練習にも取り入れましょう。

黒木瑠璃華 Message

呼吸法とコーディネーションの効果

呼吸法をウォーミングアップに取り入れると、集中力を上げられるだけでなく、適度なリラックス効果が得られるので、体が軽くなるのを感じています。コーディネーション能力を高める動きは、目から得た情報を脳で処理し、筋肉に指令を出す速さを高めます。そのため、一歩目の動き出しと細かいフットワークの速さが増し、ボールに素早く反応できるようになります。最高のパフォーマンスを発揮するために、これらをぜひウォーミングアップに取り入れてください。

Theme 1 神経系の活性化「集中力」

呼吸を整える

緊張すると脳に興奮性のアドレナリンが排出され、筋肉が硬くなる。一方、アドレナリンをほどよい量に抑え、精神を安定させるのがセロトニンホルモンだ。呼吸法で横隔膜を刺激し、セロトニンホルモンの分泌を高める。

呼吸法を練習前や試合前に行うとやる気は残したまま、過剰な興奮だけを抑えられる。「どんな練習をしようか」「どんなプレーをしたいか」、脳内の情報が整理され、集中力が高まる。

望めるプレー向上
集中力を高める

回数 **1**回　鍛える能力 集中力

Basic 仰向け呼吸法

1 仰向けになってひざを立て、腰の下にボールを1つ挟む。体勢をつくれたら、20秒間、ゆっくりと口から息を吐き、さらに20秒間、お腹をへこませた状態をキープする。その後、20秒間休憩する

2 休憩後、20秒間、ゆっくりと息を吸い、お腹を十分膨らませたら、その状態を20秒間キープする。その後、20秒間休憩する

お腹をへこませた状態

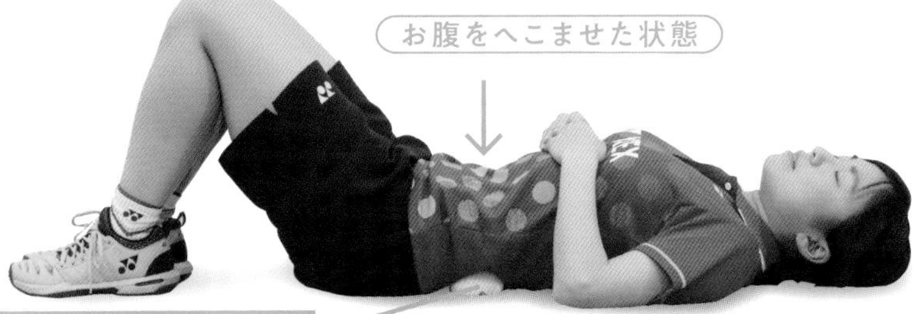

! ボールを入れるとインナーマッスルを意識できる

お腹を膨らませた状態

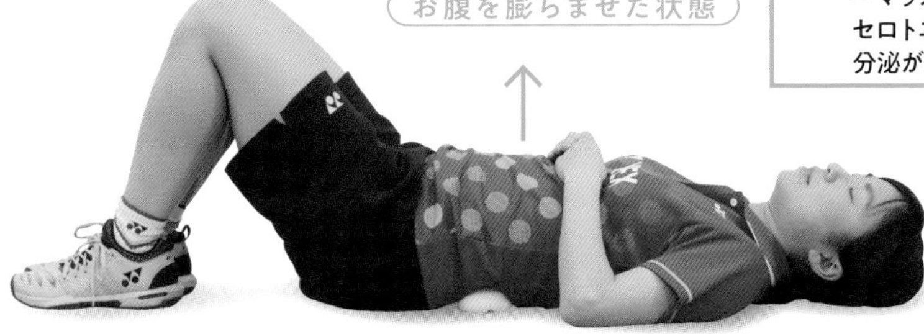

! お腹をへこませたり、膨らませたりしているとき、お腹のインナーマッスルがよく動き、セロトニンホルモンの分泌が活発になる

Advice

息は止めなくていい！

お腹をへこませたり、膨らませたりしているとき、息は止めなくていい。お腹は動かさず、胸式呼吸を行う。

	呼吸	お腹	休憩
1	息を吐く(20秒)	へこませる(20秒)	自然状態(20秒)
2	息を吸う(20秒)	膨らませる(20秒)	自然状態(20秒)
3	息を吐く(20秒)	後一気に吸う 膨らませる(20秒)	自然状態(20秒)
4	息を吸う(20秒)	後一気に吐く へこませる(20秒)	自然状態(20秒)

*3種類の動きを表の手順で行うと効果的

Variation

立った状態での呼吸法

立った状態で行ってもよい。試合のゲーム間や、ラリー間に呼吸法を取り入れると精神が落ち着き、集中力を取り戻せる

3 休憩後、両ひざを90度に曲げ、両腕は上にまっすぐ伸ばす。この状態のまま20秒間、ゆっくりと口から息を吐く。お腹が十分へこんだら一気に息を吸ってお腹を膨らませ、この状態を20秒間、キープする。終わったら、20秒間、休憩する

対角線の手足を伸ばす

4 休憩後、対角の手足を伸ばし、20秒間、ゆっくりと息を吸う。お腹が膨らんだら一気に息を吐き、20秒間、お腹をへこませた状態をキープする。20秒間の休憩のあと、手足の曲げ伸ばしを変えて行う

Theme 1 神経系の活性化「ボディバランス」

ボールバランス

体を本格的に動かす前に、脳から体に指令を出す伝達組織を活性化させる。インナーマッスルを刺激し、伝達組織である神経系の機能を高めれば、より体を速く、思ったとおりに動かすことができる。

ボールにのるという不安定な状態をつくり、ボディコントロール能力を高める。体幹の軸を意識し、体の中心でバランスをとり、予想外の状況にも対応できるようにする。

回数 ウォーミングアップ=**1**回、トレーニング=**3〜5**回 鍛える能力 バランス力

望めるプレー向上
ショットの正確性

Basic 片足バランス

硬式テニスボールを2つ用意し、片足でのる。ボールにのった側の腕を上に伸ばした状態を20秒間キープする

Variation

テニスボールにのせていないほうの脚を5回、上げ下げする

横から

つま先とかかとの下にボールをセットする

! ひざの関節や股関節ではなく、体軸でバランスをとるようにする

横から

土踏まずの下にボールをセットする

Basic 両足バランス

硬式テニスボールを2つ用意し、それぞれに両足でのる。体の前で手を合わせた状態を20秒間キープする

Variation

両手を大きく広げる。この状態を20秒間キープする

! 上体が前のめりにならず、後ろにも煽られない位置でバランスをとる

Theme 1 神経系の活性化「ボディバランス」

T字バランス

T字バランスは、股関節の柔らかさと体重を支える脚の筋力が求められる。上半身と下半身のバランスをとるための体幹の強さも必要だ。

望めるプレー向上
地面の強い蹴り出しと安定

走るとき、切り返すとき、サービスやスマッシュを打つときなど、ソフトテニスは片足での場面が多い。このトレーニングで片足でも安定した体勢がとれることを目指す。

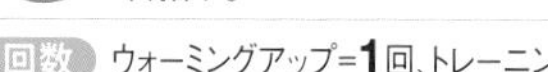

回数 ウォーミングアップ=**1**回、トレーニング=**3~5**回　鍛える能力 バランス力・柔軟性

Basic

1

片足で立ち、ひざを90度に曲げる

Advice

骨盤を左右に傾けない

上体を倒したとき、左右の骨盤が傾かないようにする。どうしても骨盤が傾き、T字をきれいにつくれない人は、両手を壁につき、足を上げることから始める。

2 軸足と反対の手足を伸ばして素早くT字をつくり、そのまま20秒間キープする

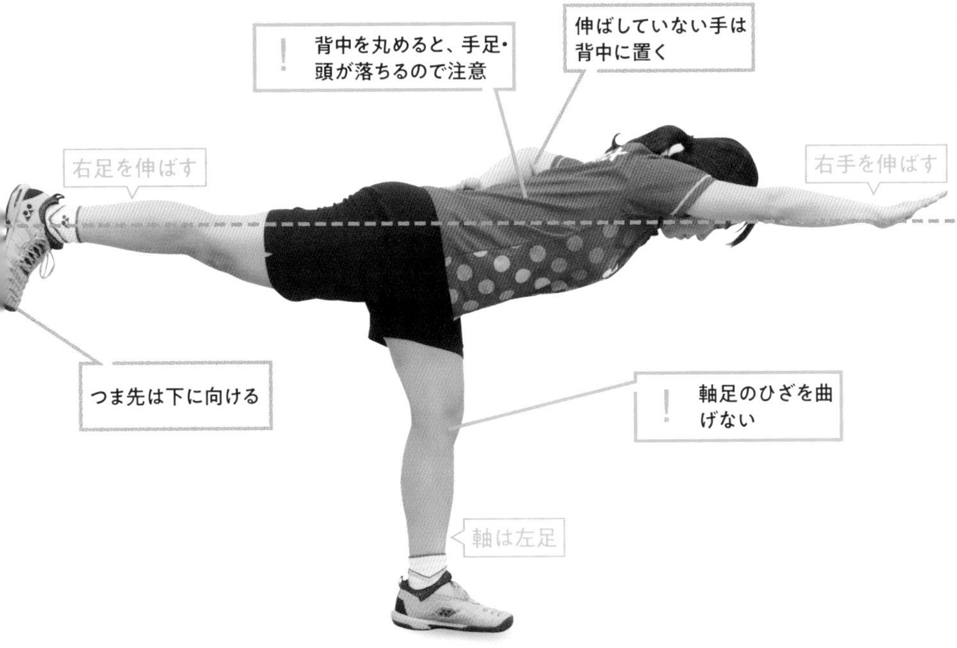

! 背中を丸めると、手足・頭が落ちるので注意

伸ばしていない手は背中に置く

右足を伸ばす

右手を伸ばす

つま先は下に向ける

! 軸足のひざを曲げない

軸は左足

Theme 1 神経系の活性化「ボールコントロール」

ジャグリング

日本でいう「お手玉」。動いているものと自分の位置関係を把握し、素早く、体の各部位を適切にリズムよく動かすための“コーディネーション力”を養う。1~4までセットで行う。

望めるプレー向上
ラケット・ボール操作力

ソフトテニスはラケットやボールを使うスポーツ。体だけでなく道具を操る力も必要だ。微妙な力加減やタイミング、バランスのとり方も自在にコントロールできるように鍛えておかなければならない。

回数 ウォーミングアップ=各1回、トレーニング=各3~5回　鍛える能力 神経系・コントロール力

両手2個

1 ボール2つを両手に1つずつ持ち、1つずつ投げ上げる。連続20回を目標にする

片手2個

2 ボール2つを片手に持ち、1つずつ投げ上げる。連続20回を目標にする

Advice

逆腕でも行う

利き腕だけでなく逆腕でも行って、コーディネーション力を養おう。

Advice

左右両方行う

1~4はいずれも左回し・右回し両方を行う。左右のバランスをとることは、コーディネーション力を養うのに必須。

両手3個

3 1のエクササイズをボール3つで行う。連続20回を目標にする

ボールつき

4 ボールを投げる方向を変える。ボールを床に向かって投げ、1~3のトレーニングを行う。連続20回を目標にする

Theme 1 神経系の活性化「上半身と下半身の調和」

逆立ち（倒立）

両手で体全体を支えて倒立する逆立ちは、体幹を安定させないと足がふらつき、姿勢を保持できない。体幹の使い方を学んで、上半身と下半身を調和させる能力を高める。

ボールを打つときは、地面から得た下半身のパワーをラケットに伝えて威力のある球を生み出す。下半身から上半身へスムーズにパワーを伝える"繋ぎ"の能力を逆立ちで養う。

回数 ウォーミングアップ=**1**回、トレーニング=**3**~**5**回 **鍛える部位** 体幹

望めるプレー向上
ショットの姿勢保持

Basic 2人1組

補助者の正面に立ち、手を床について足を振り上げ、倒立の姿勢をつくったまま、20秒間キープする

ひざと足先をぴったりつける

左右の腰の高さは床と平行に保つ

! 腰は反らない

Variation 1人倒立

補助者なしで倒立の姿勢をつくり、20秒間キープする

手に体重がのる位置はどこか、バランスを探る

腰が上がりきってから両足を揃える

HARD

Variation ウォーキング

倒立の姿勢のまま歩く。慣れないうちは、補助者をつけてもよい

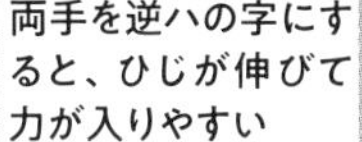

Theme 1 神経系の活性化「上半身と下半身の調和」

側転

足を広げて両腕を上に伸ばした姿勢から、片方ずつ手をついて足を振り上げ、転回していくのが側転だ。逆立ち同様、脳・神経・筋肉の連携を素早くし、姿勢の調整を行う能力を高められる。

逆立ちよりも動きが速く、ダイナミックになるため、しっかり足を振り上げるのが難しい。ひざを伸ばして、上半身と下半身のバランスをとり、安定したストロークづくりを目指す。

回数 ウォーミングアップ=2~3回転を1回、トレーニング=同様に3~5回　鍛える部位 体幹

望めるプレー向上
ショットの姿勢保持

Basic

1 進みたい方向に体を向ける

Advice
ライン上で行う
屋外ではコートのライン上で行い、できるだけ直進する。

慣れないうちは、利き手が最初に床につく向きで行う

2 手を順番につけると同時に、足を振り上げる

3 両手をついたら、両足を振り上げる。手にしっかりと体重をのせる

EASY

Variation

足を振り上げるのが難しい人は、足を真上まで上げずに横移動する。慣れてきたら徐々に足を上げ、最終的に側転の形をつくる

! 腰を曲げない

4 足を順番につくと同時に手も片方ずつ離す

5 体を起こす

! ひざはまっすぐ

目線は床

! 手で床を押すように

Theme II 筋肉&循環系の活性化「全身」

ウォーキング&ジョギング

筋温が上がれば、血液の流れが速くなり、体全体に酸素をたくさん運べる。しかし、急激に筋温を上げると、心肺機能への負荷が高くなる。ウォーキングやジョギングで少しずつ体を動かしていく。

望めるプレー向上
質の高いプレーの持続

ウォーキングやジョギングの目的は、血液循環と、ゆっくりとした筋の動きや振動によるリラックス効果である。ウォーミングアップだけでなく、試合の合間やクーリングダウンにも最適。

回数 ウォーミングアップ=コート2~3周、トレーニング=コート5~10周 **鍛える部位・能力** 全身・リラックス・集中

ウォーキング

インナーマッスルをほぐすため、コートを数周歩く。腕と足を大きく対角線に動かし、ラインを使ってまっすぐに歩く

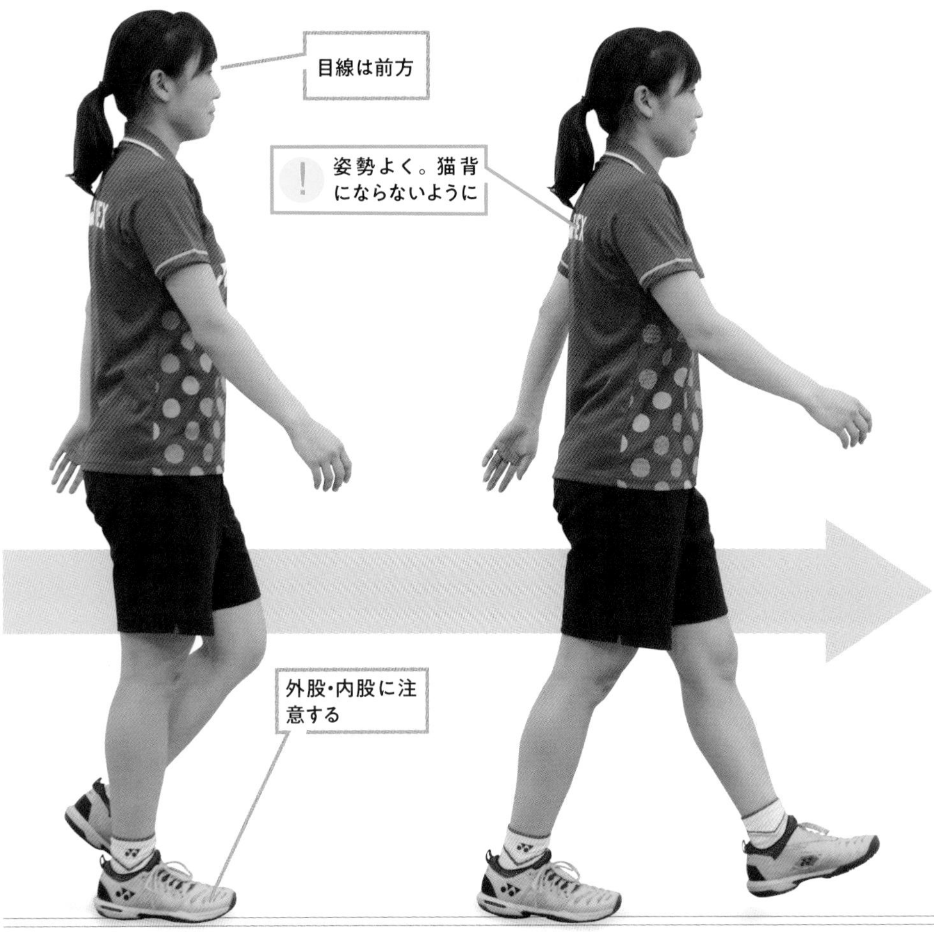

目線は前方

! 姿勢よく。猫背にならないように

外股・内股に注意する

ジョギング

コートを数周ジョギングし、アウターマッスルをほぐす。ラインを使ってまっすぐに走る。ウォーキングのあとにすぐランニングすると、心拍数が一気に上がってしまうため、ジョギングで徐々に心拍数を上げる

Advice

かかとからつく

足はかかとからつき、足の外側、小指の付け根、親指の付け根の順に重心を移動させていく

! 背すじを伸ばす。猫背が習慣になると、上半身が安定せず体がブレたり、腰やひざへの負荷が大きくなる

あごを上げない

一定のリズムで呼吸をする

! 曲げたひじは体の前では小さく、体の後ろで大きく動かす

つま先は進行方向に向ける

Theme 11 筋肉&循環系の活性化「股関節」

下半身のバリスティック・ストレッチ

ウォーキングやジョギングで体が温まったら、動的ストレッチを行い、練習や試合時に下半身、とくに股関節の働きを100パーセント発揮できる状態をつくっていく。1 から7を順番に行う。

ソフトテニスは、瞬発力、持久力、柔軟性等、さまざまな体の機能を使ってプレーが成り立っている。下半身の動きをよくし、その機能を練習や試合で十分使える状態をつくる。

望めるプレー向上
質の高いプレーの持続

回数 各**10**回 鍛える能力 下半身の関節可動域、筋の柔軟性

屈伸

1 つま先を前方に向け、両ひざの曲げ伸ばしを10回行う。ひざが開いたり、かかとが浮いたりすると、お尻やハムストリングスなどが伸びないので注意する

両ひざを閉じたまま行う

× かかとが浮いて、ひざが開いている。背中を丸めるのもNG

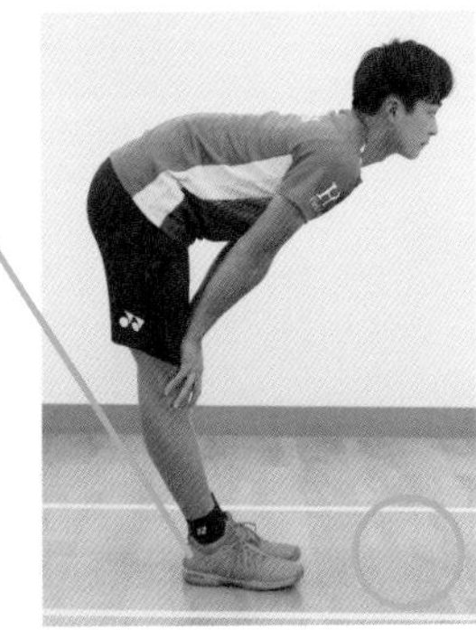

! 横から。かかとを床につけることで、体の後ろ側を伸ばす

Advice

初めはゆっくりと

ひざへの負荷が大きいので、正しいフォームに慣れていない人は、ゆっくりと行う。

伸脚

2

両足を大きく広げたら、両手をひざに当て、片ひざを曲げて体重を傾ける。伸ばしたほうの脚を10回よく伸ばし、股関節の可動域を広げる

背すじを伸ばす

! 股関節を曲げ、お尻を後ろに突き出す

! 太ももの内側の筋肉を伸ばす

つま先は逆ハの字

✕ 背中が丸まっている

深伸脚

3

伸脚よりさらにひざを曲げ、伸ばした脚の太ももの内側の筋肉を10回さらに伸ばし、股関節の可動域を広げる。反動をつけて行う

✕ 内転筋が硬いため、つま先が正面を向いている

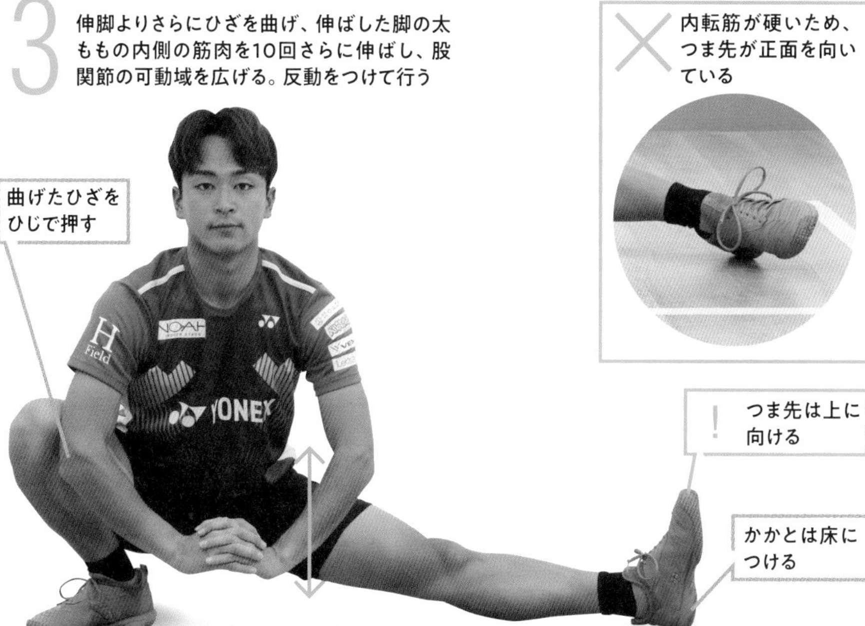

曲げたひざをひじで押す

! つま先は上に向ける

かかとは床につける

Theme II 筋肉&循環系の活性化「股関節」

下半身のバリスティック・ストレッチ

前開脚

4 足を大きく横に開いて腰を沈め、体の前についた両手を軸にして前方に10回動かす。股関節と太ももの内側の筋肉をよく伸ばす。しっかり伸びていると、横へのフットワークがよくなる

! 股関節を伸ばす

足の内側を床につける

× 内転筋が硬いため、つま先が立っている

後ろ開脚

5 足を大きく横に開いて腰を浮かせ、お尻の下についた両手の上に体重をのせる。ついた両手を軸にしてお尻を後方に10回動かす。股関節と太もも の内側をよく伸ばす

かかとでバランスをとり、つま先を上に向ける

Advice

初めはゆっくりと

お尻の下に両手を入れるのが難しかったら、片方ずつ手を入れて徐々にバランスをとる。

シコ踏み

6 両足を大きく開き、腰を垂直に10回落とす。股関節と、太ももの内側が伸びていることを意識する

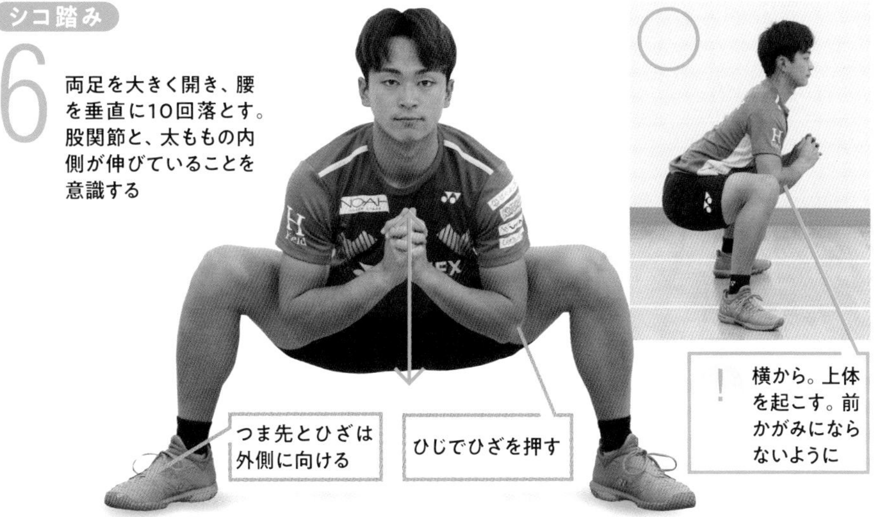

前後開脚

7 足を前後に大きく広げて、10回腰を落とす。股関節が伸びる

前かがみになり、ひざが曲がっているため、股関節が伸びていない

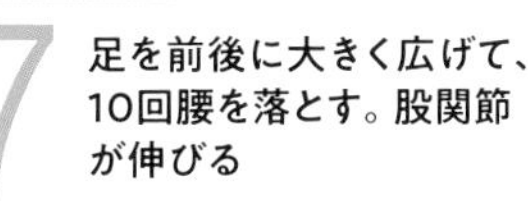

Advice

前かがみになってしまう人へ

前かがみになってしまう人は、太ももの前側の筋肉が硬くなっている可能性があるのでストレッチしよう。

Theme 11 筋肉&循環系の活性化「肩甲骨」「大胸筋」「上腕」

上半身のバリスティック・ストレッチ

よいボールを打つには、上半身の働きを高めておくことも重要だ。ここでは肩甲骨、大胸筋、上腕中心の上半身の動的ストレッチを紹介する。2人1組になり、1から6を順番に行う。

瞬発力、持久力、柔軟性など、さまざまな体の機能を使ってソフトテニスのプレーは成り立っている。上半身の動きをよくし、その機能を十分使える状態をつくることでパフォーマンスは必ず上がる。

望めるプレー向上
質の高いプレーの持続

回数 各**10〜20**回 鍛える能力 上半身の関節可動域、筋の柔軟性

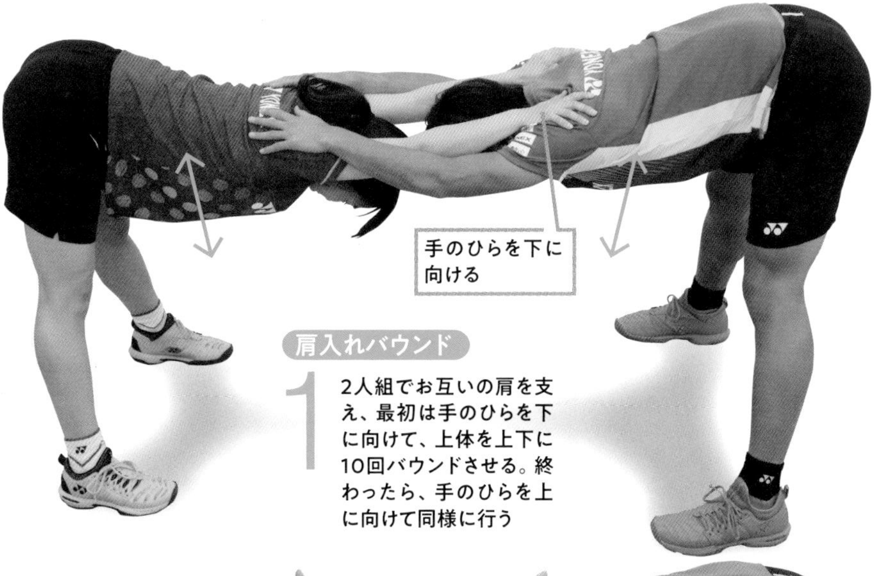

手のひらを下に向ける

肩入れバウンド

1 2人組でお互いの肩を支え、最初は手のひらを下に向けて、上体を上下に10回バウンドさせる。終わったら、手のひらを上に向けて同様に行う

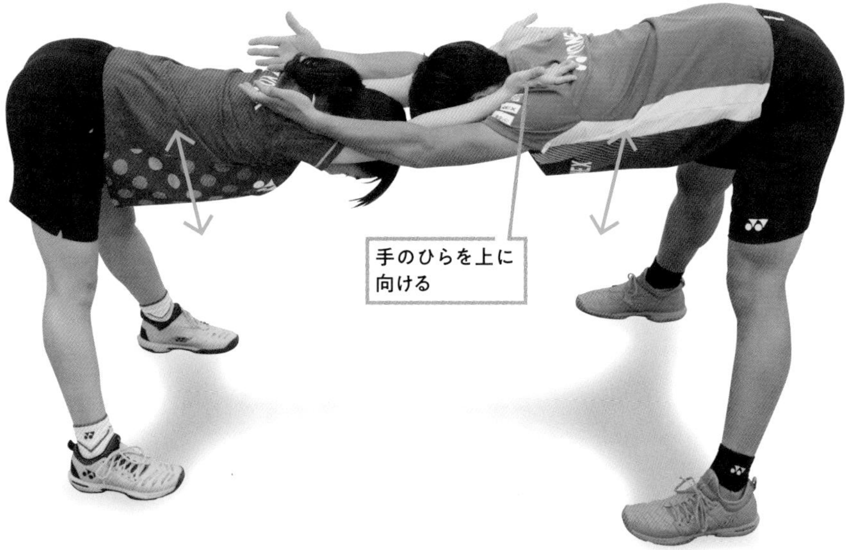

手のひらを上に向ける

Advice

肩甲骨は6方向に動く

肩甲骨は上下・内外・斜め上下とおもに6方向に動く(P14~15)。そのためこのストレッチ群には、6方向へ動かす要素を盛り込んでいる。また2人組で行うと1人では伸ばしきれない箇所も伸ばせる。

左右ひねり

2 肩を組んだまま、左右に10回ひねる

Theme Ⅱ 筋肉&循環系の活性化「肩甲骨」「大胸筋」「上腕」

上半身のバリスティック・ストレッチ

サイド伸ばし

3 足を大きく開いて横並びになり、両手をつないで10回引っ張り合う。体の側面をしっかり伸ばす。伸ばせたら、手をつないだまま半回転し、反対側の体の側面も伸ばす

Advice

手の組み方を変える

順手・逆手と手の組み方を変えると、肩甲骨の可動域がさらに広がる。

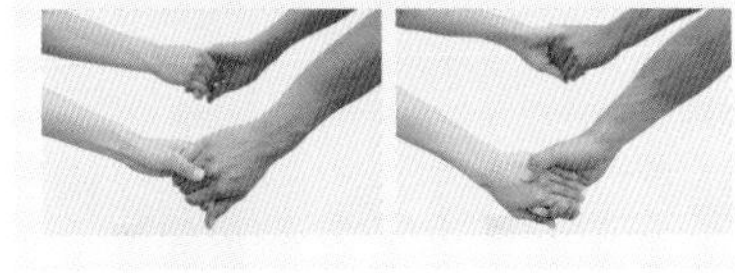

背面引っ張り

4

手をつないだまま背中合わせになる。足を前後に開き、前方にゆっくりと10回重心をかける。引っ張って腕が上がったときに、広い肩甲骨の可動域が得られる

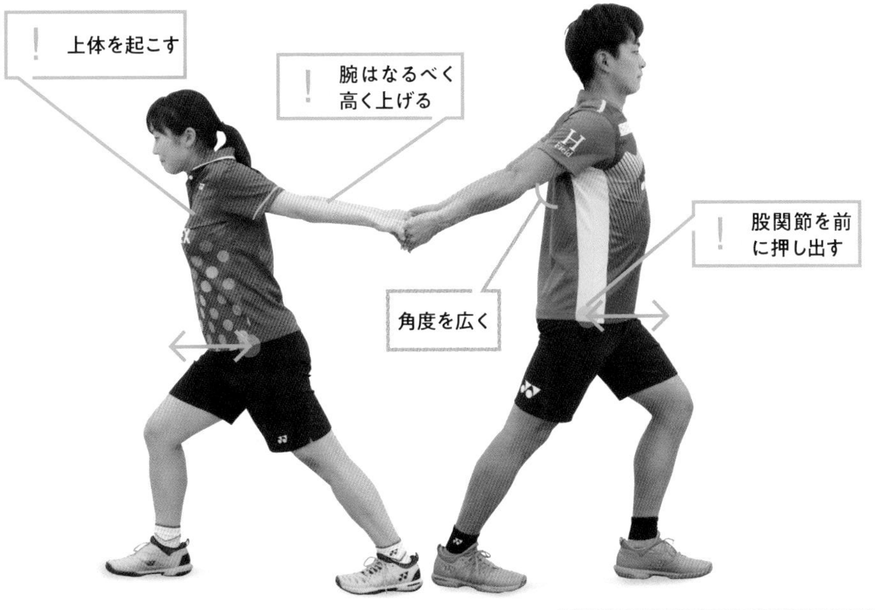

Theme II 筋肉&循環系の活性化「肩甲骨」「大胸筋」「上腕」

上半身のバリスティック・ストレッチ

5 ひじから先を重ねて、10回重心を前にかけ合う。肩の位置よりもひじが後ろになるようにし、そのあと腕を下げて手首をクロスさせて、10回重心を前にかけ合う

! ひじは体の後ろにくるように

! 手首をクロスさせる位置も体より後ろ

踏ん張れるように足は前後に広げる

Variation

壁を使う

大胸筋伸ばしは、壁を使って1人でもできる。足を前後に広げ、壁を押しながら10回重心を前にかけ、胸を張る

肩伸ばし

6 手のひらを上に向け、もう片方の腕でロックする。伸ばしたほうの腕を前方に10回押し出す。手のひらを下に向けた状態でも同様に。肩の後ろ側がよく伸びる

! 手のひらを上に向ける。この腕を前に押し出す

腕が下がらないように

! 手のひらを下に向ける。この腕を前に押し出す

Advice

腕を後ろに引かない

ロックした腕を使って、伸ばした腕を後ろに引く場合は、動的ストレッチではなく、静的ストレッチになるので注意する。

ランジウォーク

足を大きく前に踏み出すランジの動きは、股関節の機能を高める。実戦と同じように動かしながら股関節の可動域を広げていこう。体軸がブレないようにMenu❶〜❺を連続して行う。

スイングは回転動作なので、ブレない、ひねりの力に強い体軸をつくることが求められる。このメニューで強靭な体軸と、広い可動域を持った股関節をつくれれば安定したスイングが生まれる。

望めるプレー向上
安定したスイング

回数 その場:1セット=10回、移動:10m程度往復 鍛える部位 大腿部・股関節・体幹

Menu❶前進

1 ラケットを頭の後ろに抱え、胸を張って立つ

2 右脚を高く上げて前進する

3 右脚を1歩出したら、腰を落としてランジの姿勢をつくる

! 90度以上曲げる

! 重心はかかとに置く

Advice

コートを利用する

ランジウォークはコートを利用するといい。メニュー1つを行うとき、サイドライン間を往復する。

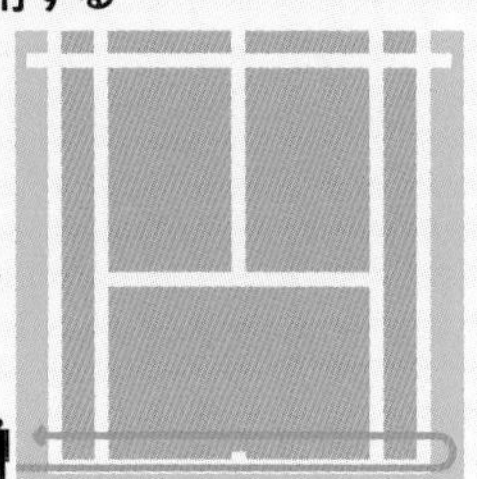

! ラケットを頭の後ろで抱えるのは、上体を起こした正しい姿勢をつくるためだ。肩甲骨を寄せて胸を張る姿勢をつくろう

4 前足、とくに拇指球で床を蹴る力を使って立ち上がり、左脚を上げ、さらに前進する

5 左脚を前に出してランジ。これを繰り返す。疲れてくると上体がぐらつき、前のめりになりやすい。ひざも内側や外側を向きやすくなるので注意する

! 背すじを伸ばす

つま先、ひざは進行方向へ向ける

ランジウォーク

Menu❷シコ踏み前回り

Menu❷と❸を同時に行ってもいい。前方向からの回転、後ろ方向からの回転を交互に2回ずつ行う。回転後、シコ踏み姿勢になったときにしっかりお尻を落とす

1 ラケットを腰あたりに持って、胸を張って立つ

2 右脚を体の前に高く振り上げる

3 バランスを崩さないように素早く移動する

軸足にしっかり体重をのせてバランスをとる

Menu❸シコ踏み後ろ回り

脚を体の外側に向かって高く上げ、シコ踏みランジをする。後ろ回りになるので前回り より難易度が高い

4 両足が逆八の字になるように着地し、踏ん張る

5 腰を垂直に落とし、シコ踏み（腰割り）の体勢をつくる

6 上体を上げると同時に、左脚を体の前に高く振り上げる。同じように繰り返す

! よくお尻を落とす

ランジウォーク

Menu❹ 片腕伸ばし

開脚時に体幹、腕、ラケットまでが一直線になっていることを意識する

1 ラケットを右手に持つ

2 左脚を前に踏み出しながら、右腕を真上に上げる。こうすることでまっすぐな体軸をつくる

3 立ち上がったらラケットを左手に持ち替える

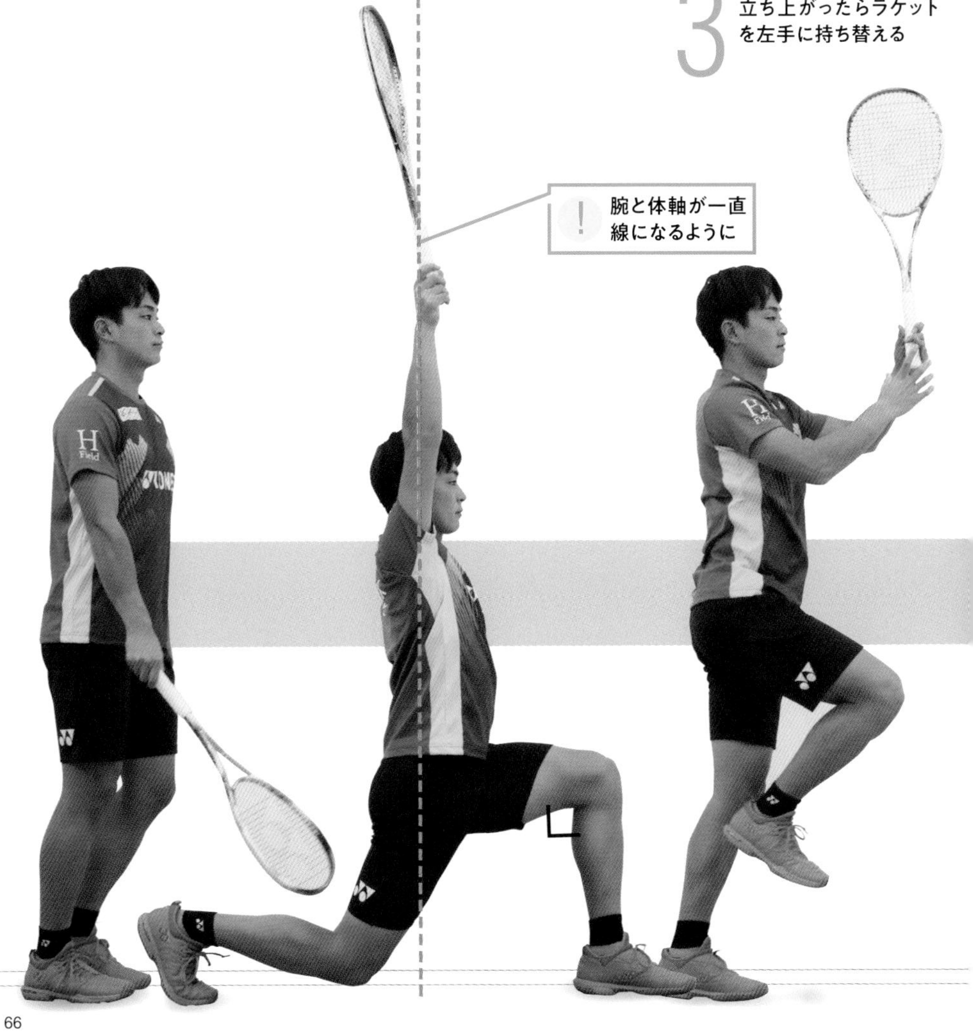

! 腕と体軸が一直線になるように

ラケットを真上に上げていない。まっすぐな体軸をつくれない

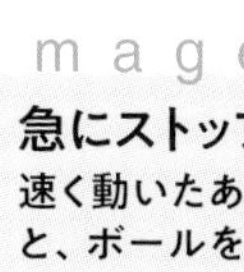

Image

急にストップした場面をイメージ

速く動いたあと、ボールを打つため、急にストップした場面をイメージしよう。ランジの姿勢によく似ている。速く動くほど、体がブレた状態でスイングしがちだが、ランジウォークでしっかり踏ん張れる力を養う。

4 右脚を前に踏み出しながら、左腕を真上に上げる

5 ランジ姿勢をとる。これを繰り返す

ランジウォーク

Menu❺ツイスト

Advice

ひねりの動作をプラス

前進ランジの応用編。上体をひねることで、意識的にブレやすい状況をつくっている。前のめりにならないように気をつける。

5 2の姿勢に戻る

6 左足の拇指球で床を蹴りながら、体を起こす

7 右脚を前に出す。同様に繰り返す

正面から ! 体幹ではなく、肩甲骨だけを動かす

アキレス腱伸ばし

アキレス腱は体のバネのようなもの。伸展力があるほど、跳べる高さやダッシュする速さが増す。Menu❶～❹を連続して行い、アキレス腱を伸ばしていく。ケガ防止の効果もある。

初動動作であるスプリットステップでは、地面を押して軽くジャンプし、どこへでも動ける状態をつくる。この種目によってアキレス腱の機能を高め、スプリットステップの速さを高める。

セット数 Menu❶～❹を1セット　鍛える部位 アキレス腱

望めるプレー向上
スプリットステップ

Menu❶足クロス

四つんばいになり、お尻を浮かせて右足首の上に左足をのせる。しっかりのせられたら、右足のかかとを上げ下げする。左足でも行う。各10回

Advice

お尻を落として行ってもよい。

Menu❷ラン

両手両足を床につき、なるべくお尻を落とす。ひざを交互に曲げ、つま先は床につけたままその場でランニングする。各10回

Menu❸足の引き寄せ

四つんばいになり、お尻を浮かせてVの字をつくったら、かかとの上げ下げを5回繰り返す。次に両足を1歩、体に近づけて同様に行う。さらに近づけた状態でも行う

Menu❹ジャンプ

Vの字をつくったら、両足で床を蹴ってお尻を上げて10回ジャンプする。ひざは曲げない

つま先リズムタッチ

つま先をリズミカルにタッチしながら前進するトレーニングは、アキレス腱と股関節を多用する。Menu❶と❷ともにコートのサイドラインからサイドラインまで、足を前と横に動かしながら正確に行う。

動きながらアキレス腱を伸ばしていくトレーニングで、アキレス腱伸ばしより実戦に近い。P70のトレーニングのあと行うと、ケガのリスクが減る。

望めるプレー向上
スプリットステップ

距離 約5～10メートルを移動　鍛える部位 アキレス腱・股関節

振り上げた足が体の外に流れないように

Menu❶ フロントタッチ

1 脚を交互に振り上げながらリズミカルに前へ進む。右脚を振り上げたら左手でつま先にタッチする

! 背すじを伸ばす。前のめりでつま先を触りにいかない

Variation ランジをプラス

つま先をタッチしたあと、ランジを入れて前進すると、股関節や体幹の強化になる

2

左脚を振り上げたら右手でつま先をタッチする

ひざはまっすぐ

つま先リズムタッチ

Menu❷サイドタッチ

1 脚を交互に横へ振り上げながら前進する。右脚を振り上げたら右手でつま先にタッチする

つま先はつねに進行方向へ向ける

Advice

体軸をまっすぐに

まっすぐに進めなかったら、体軸がブレている可能性が高い。リズミカルに動く中で体軸をまっすぐ保つのは難しいが、下ろしたつま先は進行方向へ向け、足を替えるたびに軸足に素早く体重をのせる。

2 左脚を振り上げたら左手でつま先にタッチする

Theme Ⅳ 反応力を磨く「外眼筋」

視覚トレーニング

目は外眼筋という筋肉によって動く。眼筋を鍛えることで、ときには時速160キロ以上のスピードが出るボールを正確にとらえられるようになり、ボールに反応する速さを高めることができる。

眼球運動がよくなれば、相手がどんな動きをするのか素早く察知したり、ボールがどこにやってくるのか、予測がつきやすくなる。余裕をもった行動をとれるようになる。

望めるプレー向上
ボールに速く反応する

時間 1分間の中で**1**～**5**を行う　鍛える部位 外眼筋

左右

1 両腕を肩幅くらいに広げて伸ばし、指先を立てる。立てた指先を目で交互に追う。終わったら、両腕を大きく広げて同様に行う

上下

2 両腕を30センチくらい上下に広げて指先を立てる。立てた指先を目で交互に追う。終わったら、両腕の幅を広げて同様に行う

斜め

3 両腕を斜めに広げて、立てた指先を目で交互に追う。反対方向も同様に行う

円

4 両腕を上下に広げ、立てた指先を半円を描くように動かす。その指先を目で交互に追う

遠近

5 立てた指先を直線上に手前と奥に置き、指先を目で交互に追う

Advice

目の動きを徐々に速める

最初はゆっくり大きな目の動きから始め、徐々に速く動かし、スピードに対応できるようにする。

Theme Ⅳ 反応力・スピードを磨く「敏捷性」

クロスコーディネーション

投げられたボールを対角側の手でキャッチするトレーニング。リズム感や反応力、体の連結能力を高めるだけでなく、動いているものと自分の位置を把握する定位能力も高める。

望めるプレー向上
ショットの正確性

試合では、ボールがどこに来るのかを判断しながら、相手の立ち位置を見たり、一度にたくさんのことを同時に行う。感覚器からの多くの情報を適切に処理し、体の各部へ伝えるコーディネーション能力を磨く。

球数 **10**球連続 鍛える能力 下半身の敏捷性・柔軟性・対応力

Basic 1人ボール1個

練習者
補助者

1 2人組になり、1.5メートルくらい離れて向かい合う

2 練習者は右側に投げられたボールを左手でキャッチし、投げ返す

左手でキャッチ
右側へ投げる

右手でキャッチ
左側へ投げる

3 練習者の左側に投げられたボールを右手でキャッチし、投げ返す

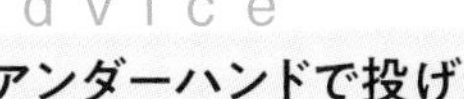

アンダーハンドで投げ返す

どの練習でも練習者は、キャッチしたボールをアンダーハンドで投げ返す。

左手でキャッチ

右側へ投げる

Basic 1人ボール2個

1 2人組になり、2メートルくらい離れて向かい合う。練習者は右側のやや遠くに投げられたボールを左手でキャッチする

2 練習者は左手でキャッチしたボールを補助者に投げ返す。同時に、補助者は練習者の左側のやや遠くにボールを投げる

1球目を投げ返す

左側へ投げる

3 練習者は右手でキャッチし、補助者に投げ返す。これを繰り返す

右手でキャッチ

クロスコーディネーション

Variation 2人ボール2個

1 2人の練習者が2メートル以上離れて向かい合う。2人は同時に相手の右側にボールを投げる。それぞれ左手でキャッチする

互いに右側へ投げて、左手でキャッチ

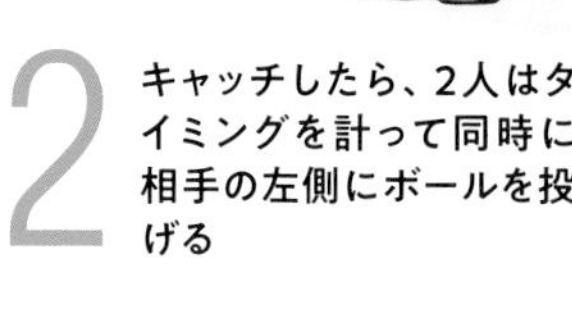

2 キャッチしたら、2人はタイミングを計って同時に相手の左側にボールを投げる

互いに左側へ投げる

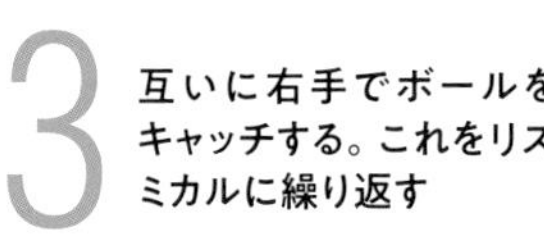

互いに右手でキャッチ

3 互いに右手でボールをキャッチする。これをリズミカルに繰り返す

HARD

Variation フットワーク入り（1人ボール1個・2人の距離は2メートル程度）

1 補助者はボールを練習者の左側の遠くに投げる。練習者はフットワークを入れてボールを追い、右手でボールをキャッチ。補助者へ投げ返す

2 補助者はボールを練習者の右側の遠くに投げる。練習者はフットワークを入れてボールを追い、左手でボールをキャッチ。補助者へ投げ返す。これを繰り返す

ペッパー

投げ出されたボールを素早くキャッチしにいく「ペッパー」は、瞬時に対応する速さを磨くと同時に、体の重心を崩さないようにする体幹のトレーニングになる。

望めるプレー向上
前衛・後衛の正しい姿勢

補助者が適切な位置にボールを出すことで、ストロークやボレー、スマッシュを打つときと同じ状況をつくれる。正しいフォームづくりの練習にもなる。

球数 **10**球連続 鍛える部位・能力 体幹・下半身の敏捷性・柔軟性・対応力

Basic 左右

1 補助者はボールを2個持つ。練習者と補助者は2メートルくらい離れて向かい合う

2 補助者は練習者の右斜め前にボールをワンバウンドさせる

3 練習者はワンバウンドしたボールをキャッチし、補助者に返して、元の位置に戻る。戻ると同時に補助者はもう１つのボールを反対側に落とし、練習者は同様に行う

練習者

補助者

! ひざが足より前に出ると重心が崩れる

Advice

上体を起こす

後衛が左右のボールを打つ場合を想定。ボールをキャッチするとき、上体を起こすこと。そのためには、足をしっかり球の近くまで運び、正しいランジ姿勢をとらなければならない。

Image

ボレー&スマッシュをイメージ

前衛がボレーを打ったあと、甘く上がってきたボールをスマッシュで決める場面を想定した練習。繰り返していると体がブレがちになるが、最後まで足をボールの下まで動かし体軸を保とう。

Basic 前後

1 補助者はボールを2個持ち、練習者と2メートルくらい離れて向かい合う。補助者は練習者の前にボールをワンバウンドさせ、練習者はフットワークしてボールを取りにいく。ボールは補助者に返す

補助者

練習者

2 補助者はボールを返された瞬間、もう1つのボールを練習者の後方に投げる。練習者は利き腕と反対の手でキャッチし、補助者に返す。これを繰り返す

アジリティ

アジリティとは「敏捷性」のこと。目から得た指示を素早く実行できる体の反応速度を磨く。慣れてきたら、それぞれオリジナルのサインと動きをつくるといい。

予測していた方向とは逆にボールが飛んできたとき、素早く体を切り返さなくてはならない。咄嗟に動かなくてはならない場面での対応力を伸ばすトレーニングだ。

望めるプレー向上
咄嗟の対応力

時間 **15～20秒** 鍛える能力 敏捷性

練習方法

練習者と補助者は、1メートル程度離れて向かい合う。練習者、補助者とも基本姿勢をとったあと、補助者が両手を使って出す4つのサインに従って、練習者は決められた方向へ動いて、すぐ基本姿勢に戻る。これを繰り返す

基本姿勢

サイン：**親指を2本立てる**
動き：**待球姿勢をとり、その場で両足を上下に小刻みに動かす**

左右ステップ

サイン：手のひらを横へ向ける
動き：指先が向いている方向へ反復横跳びのように横跳びする

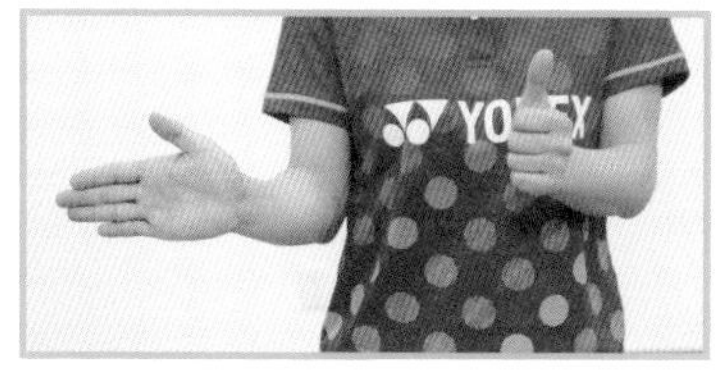

左右ひねり

サイン：親指を1本倒す
動き：指を倒した側の足を斜め後ろに1歩下げる

ジャンプ

サイン：両手のひらを上に向け、腕を上げる
動き：その場でジャンプする

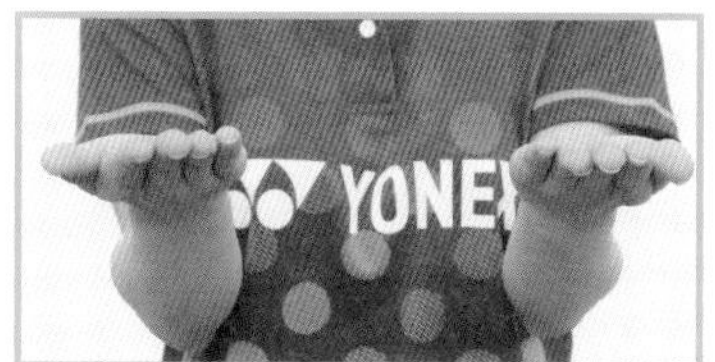

バーピー

サイン：両手のひらを下に向け、腕を下げる
動き：腕立て伏せの姿勢をつくってすぐ立ち上がる

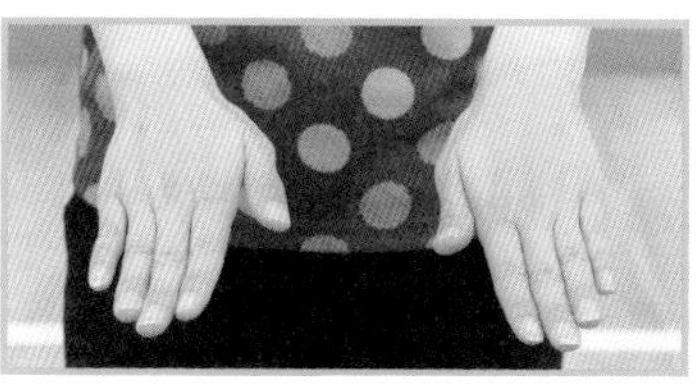

キャッチボール

いくら腕の筋肉が強くても、正しいフォームで投げなければ、ボールを遠くへ飛ばせない。肩甲骨と股関節を十分動かして遠くへボールを飛ばそう。

望めるプレー向上
ダイナミックなフォーム

ボールを投げるフォームは、オーバーヘッドストロークと似ているため、フォームづくりのトレーニングになる。肩甲骨と股関節を大きく動かすので、ウォーミングアップ効果も高い。

時間 **2〜3**分継続 鍛える部位 肩甲骨・股関節

ひじから先だけでボールを投げない

ひじの高さは耳と同じくらいに

練習方法

2人1組になり、サービスラインに立ってボールを投げ合う。十分、投げられるようになったらベースラインに立ってボールを投げ合う。慣れてきたら左右の手で交互にボールを投げる

腕は相手のほうへ伸ばし、親指は下向きにする。上体が回転しやすくなる

軸足のつま先は相手に対して約90度

前足のつま先は相手のほうに向ける

EASY

サービスラインで

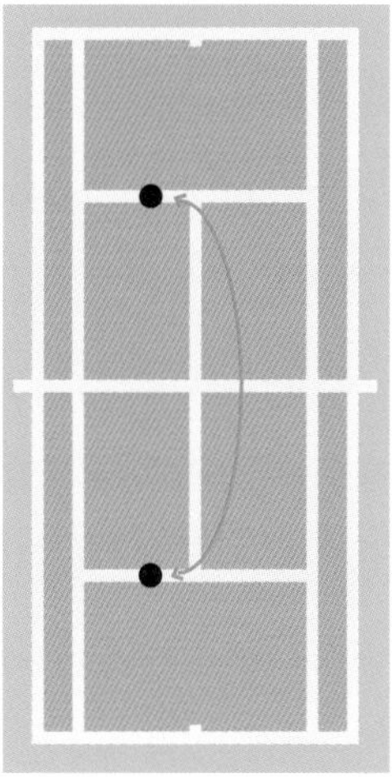

Basic

ベースラインで

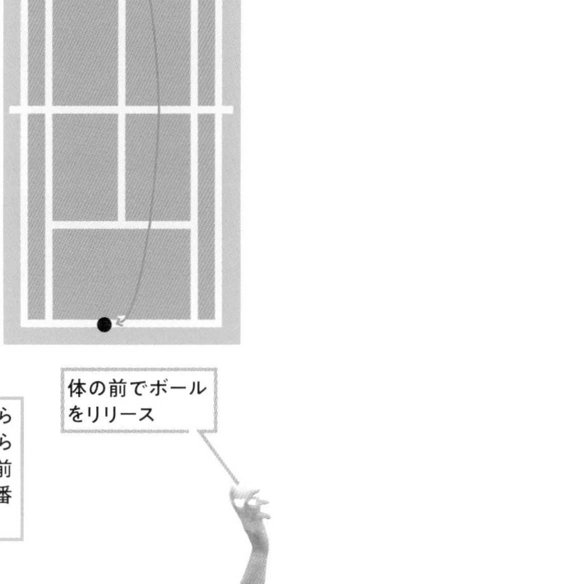

体の前でボールをリリース

！ 腕はムチのようにしならせて動かす。肩甲骨から始まり、上腕、ひじ、前腕、手首、指先へ、順番に前方へ動かす

体重をのせる

タオルスイング

ボール投げでボールを遠くへ飛ばせない人は、タオルを振ってボール投げの正しいフォームをつくろう。サービス、スマッシュに近い動作で、このトレーニングなら1人でも行うことができる。肩甲骨や股関節のストレッチにもなる。

望めるプレー向上
正しいフォーム

ラケットを正しく振るためのトレーニングも兼ねている。正しくできていないと、タオルはまっすぐに伸びず、振りきれない。振りきれるようになるまで行う。

回数 **10**回　鍛える能力 体幹の適応性

EASY

練習方法

先端を結んだタオルを手に持って頭上に振り上げたあと、腕を後ろに回転させて、タオルを1回転させる。体の前まで振り下ろしたら、体の左側へ振り抜く。8の字を描くようにして、動作が途切れないように行う

体の前でタオルを振り上げる

！ ひじの高さは耳と同じくらいに

軸足のつま先は正面より約90度

前足のつま先は正面に向ける

Advice

タオルの先端を結ぶ

タオルの先端を結び、重みをつけてタオルを振る。振っている間にタオルがピンと伸びていれば、先端まで力が伝わっている証拠だ。

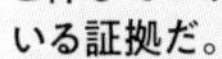

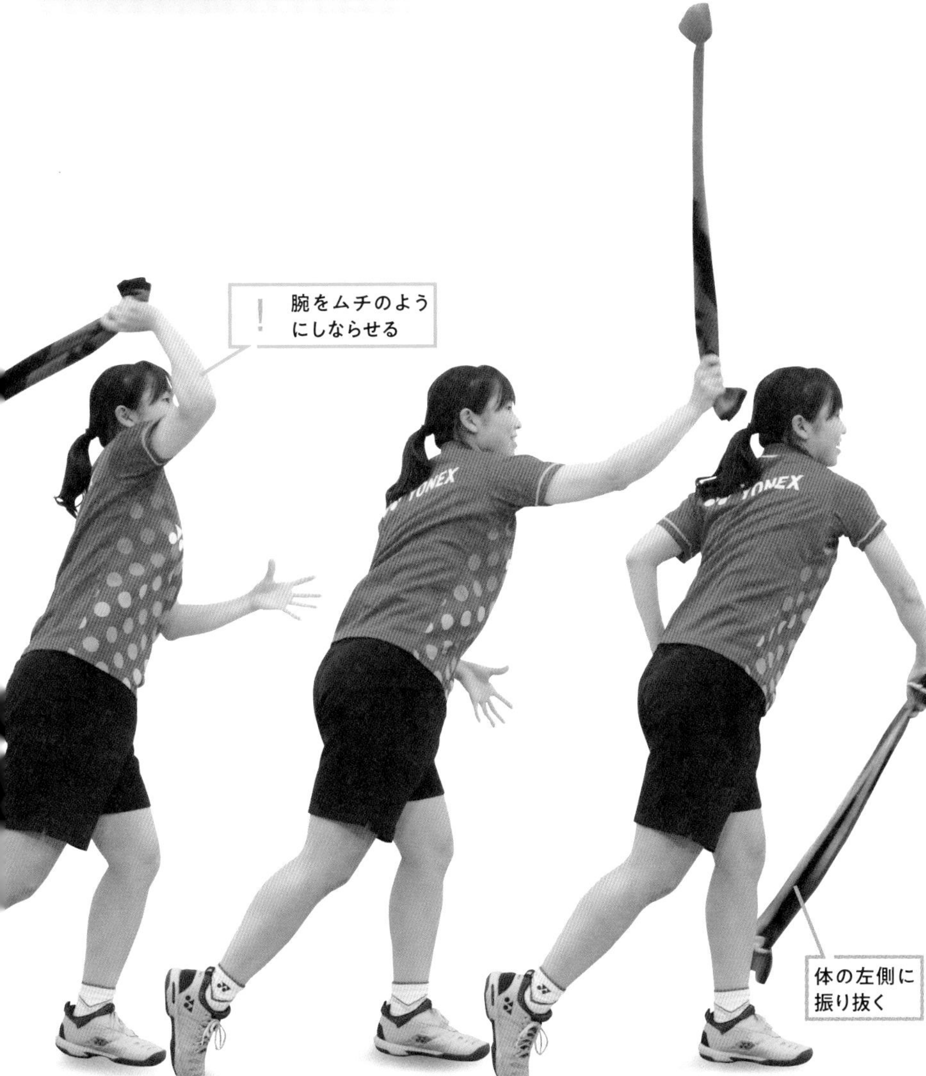

腕をムチのようにしならせる

体の左側に振り抜く

Column 2

コーディネーション能力を高めよう

ウォーミングアップとして、ジャグリング等の神経系の働きをよくするエクササイズを紹介しました。これらが上手な人は「運動神経がいい」と表現され、バランスをとるのがうまかったり、リズムに合わせて体を動かすことが上手だったり、すばしっこかったりします。

これらの能力は「コーディネーション能力」といい、スポーツをするうえで欠かせません。7つの要素から成り立っており、すべてを総合的に養うことが、ソフトテニス上達のカギになることを覚えておきましょう。表はコーディネーション能力のソフトテニス向けの解説です。

7つのコーディネーション能力

定位
コート内での相手やペアとの駆け引き、ボールとの位置関係などを正確に把握する能力
(例)ボールの速さ、高さ、深さを判断し、打点の下に正確に入る

変換
ボールの動きや相手の動きを察知したのち、その状況に対応すべく体を素早く切り替える能力
(例)予測とは逆方向を突かれたときに、即座に切り返す

連結
本書における機能的体力であり、筋肉や関節の動きを駆使してスムーズに動きをコントロールする能力
(例)下半身、体幹、上半身を連動してボールを正確に打つ

反応
視覚情報を中心とするソフトテニスにおいて、見た状況から素早く対応する能力
(例)対戦相手やボールの動きに反応し、瞬時に動く

識別
ラケットやボールなどの道具をうまく操る能力
(例)ボールを正しい位置に当て思いどおりに返す

バランス
不安定から安定に保てることが重要であり、体をコントロールできる能力
(例)どんな状況でもよい体勢を保ち返球する

リズム
ある一定の連続性のある動きをつくり、ボールを打つタイミングなどを合わせられる能力
(例)打球のタイミングを上手にとる

Part 3

ソフトテニスのための筋力トレーニング

ソフトテニス選手には、さまざまな運動能力が要求されます。
陸上選手のようにまっすぐ速く走る運動能力はもちろん、
バスケットボール選手のように
方向を切り返して動いたり、跳んだりする能力も必要です。
競技特性に合ったトレーニングを紹介します。

1 自体重で行うトレーニングの長所

いつでもどこでもできる!

ここから本格的に本書のテーマである「自体重でのトレーニング」に入っていきましょう。自体重でトレーニングを行うことには、いくつか長所があります。

自重、もしくは身近にある物を使って鍛えるのが本書のコンセプト

一番のよさは、なんといっても「どこでもできる！」ということです。本書は、ソフトテニスプレーヤーが実践することを前提にしており、テニスコートでのトレーニングを想定していますが、自宅はもちろん、合宿や遠征先でも行えます。

使う器具も基本的にはありません。わずかに用具を使うトレーニングを紹介していますが、ペットボトルやラケットなど、ソフトテニスプレーヤーなら、誰でも持っているものばかり。わざわざジムに足を運ぶ必要もなく、好きな時間に自分のペースで取り組みやすいことが大きな利点です。

２つめのメリットは、トレーニングによるケガを起こしにくいこと。自分の体重を負荷にするわけですから、限界以上の重さでトレーニングをして、体を壊してしまうリスクを抑えられます。本書をとくに読んでもらいたいジュニア世代にぴったりです。

広範囲に負荷をかけやすいのもメリットでしょう。ジムのマシーンは、鍛えたい部位へピンポイントにアプローチし、筋肉を鍛えていきますが、自体重トレーニングは、ターゲットにしたい部位以外にも負荷がかかります。

ソフトテニスはさまざまな部位を動かして、器用にラケットとボールを操らなくてはならないスポーツですから、「連動性」を高めるためにも自体重トレーニングは利点が多いのです。

なお、Part３では、最初に基礎筋力を鍛えるためのエクササイズを紹介し、そのあと、パワー、スピード、敏捷性、持久力と、目的別のメニューを紹介しています。土台をつくったあと、課題に沿ってトレーニングしてください。

2 正しいフォームを優先する

正しいフォームで行ってこそ効果が期待できる

トレーニング効果を最大限に出すためのコツであり、トレーニングするうえでもっとも難しいのが、正しいフォームで行うことです。トレーニングには必ずどこを鍛えたいか明確な目的がありますが、正しいフォームで行わなければ、鍛えたい部位に負荷がかかりません。

たとえば、プッシュアップは腕を真横に曲げるか、体に沿って曲げるかで、トレーニング目的が異なります。前者は胸まわりがターゲットですが、後者は上腕三頭筋がターゲット。わずかなフォームの違いで目的が変わってしまい、さらに、正しいフォームで行わなければ、効果も得られないことがあるのです。

また、いくら自体重トレーニングがケガをしにくいとはいえ、誤ったフォームで行えば、ひざや腰などを簡単に傷めてしまいます。鍛えたい部位がどこなのかを意識しながら、正しいフォームで行うことが大切です。

決して無理をしない

正しいフォームで行うことが最優先なので、決して無理をする必要はありません。回数や強度を増やして追い込んで行うと、疲れからフォームが崩れがちです。

トレーニング時、フォームが崩れてしまったら、すぐにやめるか、負荷を軽くしましょう。深く沈み込むハーフスクワットではなく、クォータースクワットに切り替えるといったようにです。慣れないうちは、指導者やトレーナーにフォームをチェックしてもらうこともおすすめです。

どこを鍛えているのか、意識を集中して、正しいフォームで行うこと

3 筋肥大するメカニズムとトレーニング回数

「超回復」でより大きく

知識として、どのように筋肉が成長するのかも知っておきましょう。

この章のTheme❶で紹介しているトレーニングで筋肉に負荷をかけると、筋繊維が損傷され、脳は「成長しなくては」と判断し、テストステロンといった成長ホルモンを分泌し始めます。すると、ホルモンは傷ついた筋繊維を修復し、さらに「超回復」を起こして、筋肉はトレーニング前より大きくなります。

筋繊維が回復している期間は、同じ部位をトレーニングしても筋力アップは期待できないので、他の部分を鍛えるか、2～3日、時間を空けるようにしましょう。

10回くらい繰り返せる強度で

トレーニング回数については「無理はしない」とすでに説明しましたが、目標としては自重をコントロールし、1セット10回くらい繰り返せる程度の負荷で行うのがよいでしょう。余裕があれば、1～2分の休息を挟んで、さらに2～3セット行ってください。

筋トレを行うタイミングは、ボールを使った練習のあとに行うのがベターです。体が十分温まり、筋肉がほぐれています。ただし、疲労がたまっているときは、フォームが崩れないように気をつけましょう。

朝は体温が下がり、体が硬くなっている時間帯なので、行うときは体を温めてからということを忘れずに。就寝前のトレーニングは、交感神経が活発になって気分が高揚し、寝つきが悪くなる恐れがあるので、おすすめできません。

●筋肥大のしくみ

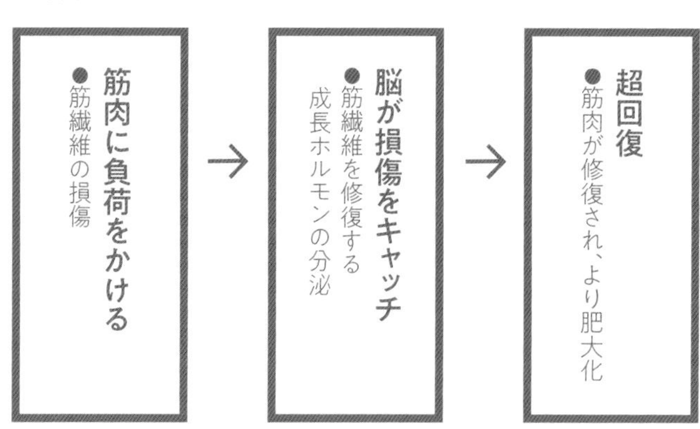

4 体のもとになる栄養素をとる

トレーニング後はタンパク質

筋肉を成長させるためには、運動と休息が必要ですが、もう一つ大切なのは、体のもとになる「栄養素」をとることです。毎日、規則正しく、バランスのよい食事をとり、トレーニングしたあとには、筋肉のもとになる「タンパク質」を補給しましょう。

タンパク質を多く含む食品は、肉、魚、牛乳、卵、大豆などですが、練習直後にこれらをとるのは難しいので、プロテインパウダーやゼリーのような摂取しやすい栄養補給食品を用意しておくと便利です。

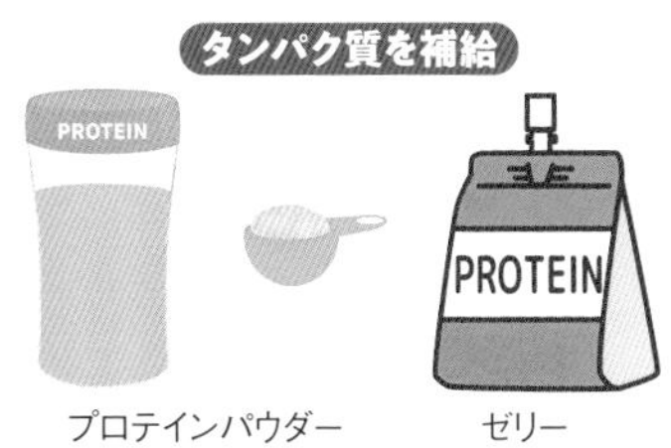

トレーニング前は糖質

空腹時には、トレーニングを行うべきではありません。体内のエネルギーが不足し、筋肉をエネルギーとして使ってしまう可能性があります。筋トレ時には糖質をおもに使うので、２時間前くらいにごはん、パン、麺類、バナナなどの糖質をとっておきます。消化の負担にならない食べものが望ましいです。どうしても食べられなかった場合は、オレンジジュースなどで補給してください。

逆に満腹のときも、筋トレには不向きです。本来、消化吸収するための大量の血液が、筋肉へいってしまい、胃が血液不足になって消化不良を起こしてしまいます。

船水颯人 Message

トレーニングの目的を理解しよう

トレーニングにおいてもっとも大切なのは、目的を理解することです。まずは身につけたいプレーやショットのイメージをはっきり持ち、どこを鍛えて、どんなトレーニングをしたらそのプレーが可能になるかを考えてください。それが上達への近道になるでしょう。
自重トレーニングでは、器具を使ったトレーニングより低負荷になるので、僕は細かい筋肉の感覚を得られるように心がけています。試合で緊張したときも、自分の体を隅々までコントロールする力もつきますよ。

Theme 1 体の土台をつくる「胸まわり」

プッシュアップ

一般的に「腕立て伏せ」と呼ばれている。腕を鍛えるイメージが定着しているが、おもなターゲットは胸まわりの筋肉だ。お尻を浮かさないなど、正しいフォームで行えば、効果的に腹部も鍛えられる。

胸まわりの筋肉が増せば、体軸が安定しストロークの正確性・力強さが増す。ボールは腕の筋力だけで飛ばすのではなく、胸まわりを含めた体全体を使って飛ばすものだと覚えておくこと。

望めるプレー向上
ショットの正確性・力強さ

回数 セット=**10**回　鍛える部位 大胸筋・上腕三頭筋・体幹部

Basic 基本のプッシュアップ

1 肩幅よりやや広く左右の手を床につき、頭からかかとまで一直線になるように構える

! 息を吸いながら体を下ろす

足はやや開く

! 体のラインは一直線を保つ

手の向きは真上

○ 肩甲骨を内側に寄せる意識で

2 ひじを体のやや外側に向かってゆっくりと曲げ、胸が床につく直前まで上体を下ろす

△ ひじを体幹に沿って曲げると、鍛えるターゲットが上腕三頭筋に変わるので注意

× お尻は浮かせない！

Theme 1 体の土台をつくる「胸まわり」

プッシュアップ

＼EASY／

Variation ひざ立て

ひざを立てて四つんばいに構え、ひじを曲げて上体を床まで下ろす

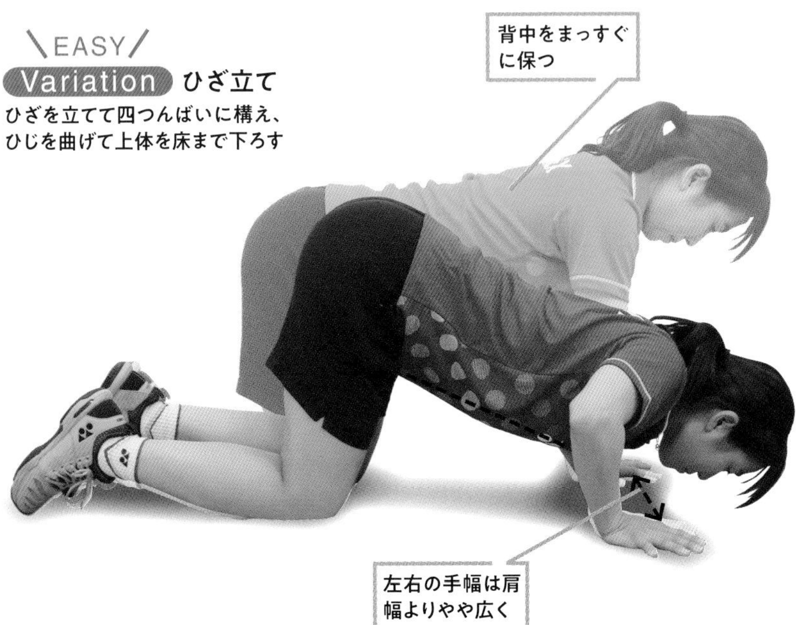

＼EASY／

Variation ひざつき

両ひざと両手を支点にして構え、ひじを曲げて上体を床まで下ろす

HARD

Variation 足上げ

足を台などの上に乗せて構え、ひじを曲げて上体を床まで下ろす

HARD

Variation ジャンピング

1 基本のプッシュアップの構えから上体を床に下ろす

2 手で床を強く押し、体が宙に浮いている間に手を1回叩き、元の構えに戻る

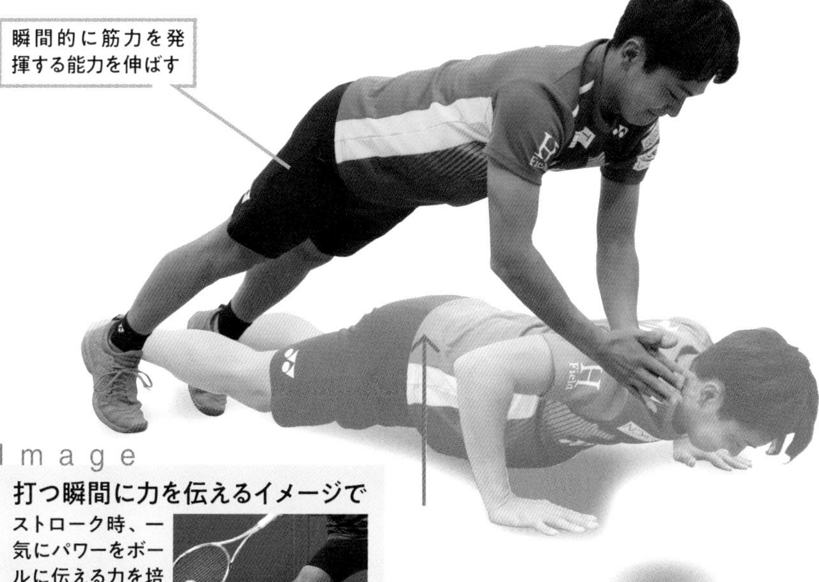

Image

打つ瞬間に力を伝えるイメージで

ストローク時、一気にパワーをボールに伝える力を培うイメージで。

Theme 1 体の土台をつくる「背中」

ベントオーバーローイング&リアサイドレイズ

背中の筋肉を鍛えるのに効果的な2種目。ダンベル、もしくはペットボトルなどの重りを持つ。どちらの種目も股関節を曲げて前傾姿勢になり、背筋を伸ばしてから重りを上げる。

背中の筋肉を鍛えると、ラケットを後ろに十分引いてテークバックしたり、重いラケットを振りかぶったりしても、安定した体勢がとれる。

回数 セット=**10**回 **鍛える部位** 広背筋・僧帽筋・三角筋

望めるプレー向上
<ベントオーバーローイング>
ダイナミックなテークバック

基本姿勢

1 **重りを手に持つ。足は肩幅に開き、股関節を折り曲げるように前傾姿勢になる**

! **背中を丸めない**

望めるプレー向上
<リアサイドレイズ>
安定したオーバーヘッド

Image

テークバックのフォームをイメージ

ベントオーバーローイングで重りを後ろに引くときは、テークバックのフォームをつくるつもりで行う。重りをラケットに替えると、テークバックのフォームと同じであることがわかる。

! 肩甲骨をできるだけ体の中心に引き寄せる

ベントオーバーローイング

2 息を吸いながら、肩甲骨を内側に寄せて、ゆっくりと重りを後ろに引き上げる

ベントオーバーリアサイドレイズ

2 息を吸いながら、重りを体の斜め前から上方向にゆっくりと上げる

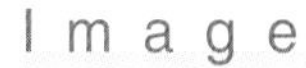

Image

オーバーヘッドのフォームをイメージ

リアサイドレイズは、オーバーヘッドのフォームをつくるつもりで行う。重りをラケットに替えると、オーバーヘッドのフォームと同じであることがわかる。

Theme 1 体の土台をつくる「骨盤・体幹から肩甲骨まわり」

キャット&ドッグ

骨盤から頭蓋骨にかけて背中全体を覆うようについているのが脊柱起立筋群。体全体を伸ばしたり、曲げたりする動きにかかわっている。思うように動かせれば、肩甲骨まわりの動きもよくなる。

脊柱起立筋群はほとんどのソフトテニスの動きにかかわる。サービスやオーバーヘッドストローク時に脊柱起立筋群を十分使えれば、上体をムチのように動かすことができ、ショットの力強さが増す。

回数 セット=**10**回　鍛える部位 脊柱起立筋群

望めるプレー向上
しなやかなオーバーヘッド

Basic

1 手は肩の真下、ひざは股関節の真下に置いて四つんばいに構える。息を吐きながら背中を丸めていく。あごを引き、お腹に力を入れて背中を天井に近づけるようにする。肩甲骨を思いきり広げる

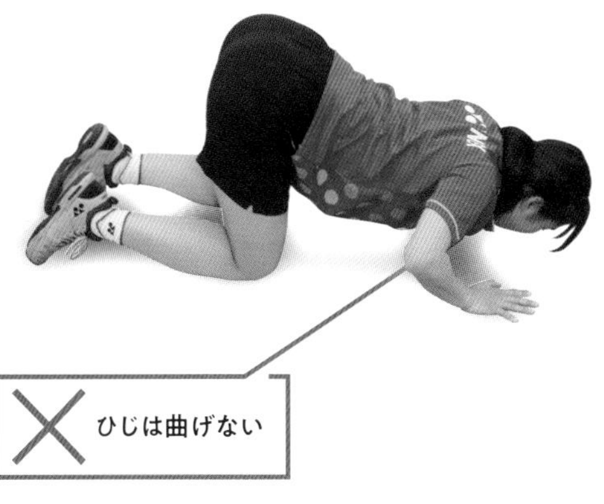

ひじは曲げない

2 息を吸って背中を反らせる。肩甲骨を思いきり背中の中心に寄せる

! イヌのポーズ。肩甲骨を寄せる

Image

オーバーヘッドのフォームをイメージ

体幹を反り、背中を丸めるときは、オーバーヘッドのフォームをイメージする。

Theme 1 体の土台をつくる「体幹」

体幹クロス

腹直筋は、いわゆる「シックスパック」を含む縦長の大きな腹筋のこと。胴体をひねって鍛えることで体幹の安定感が増す。姿勢を保ったり、骨盤の傾きをコントロールする役割を持つ。

望めるプレー向上
ショットの正確性・力強さ

腹直筋は、フォア側・バック側に来たボールに対応するとき、腹斜筋と連動して体軸を安定させる働きを持つ。腹直筋を鍛えることは、しっかりした体の軸づくりになる。

回数 セット=**10**回　鍛える部位 腹直筋・腹斜筋

Basic ラケットツイスト

1 両ひざを立てて床に座り、体の中心でラケットを両手で持つ

2 ラケット面がだいたい床と平行になるまで体を左右にひねる

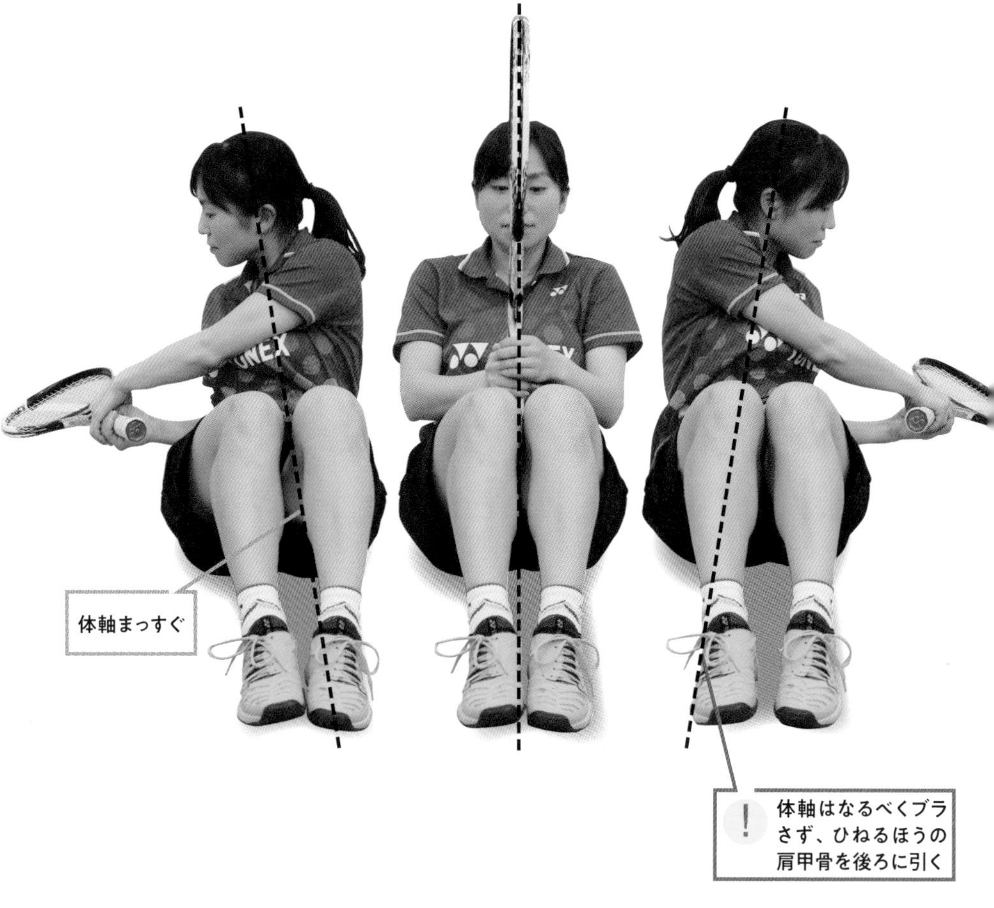

体軸まっすぐ

! 体軸はなるべくブラさず、ひねるほうの肩甲骨を後ろに引く

Variation ボールヒット

1 2人1組になる。ボールを落とす人は、練習者のつま先を軽く踏み、ボールを体の左右交互に落とす

足が動かないように固定する

2 練習者はなるべく低い打点で当てて返す

Image

体にコマの軸があるつもりで

コマは左右へ傾いても軸はまっすぐ。ボールを打つときも同じだ。このトレーニングは体にコマの軸をつくるつもりで取り組む。

Theme 1 体の土台をつくる「股関節」

レッグリフト

骨盤の一部と大腿骨をつなげている股関節は、体を支える、立つ、走る、跳ぶ、蹴るなど、さまざまな動きに関連している。股関節を支点にいろいろな方向に脚を上げることで股関節の可動域を広げられる。

股関節の柔軟性を上げれば、届かなかったボールに手が届いたり、低い体勢でも安定して打てるなど、体を動かせる幅が広がる。さまざまな筋肉と連動しているため、股関節が硬いとケガを招きやすい。

望めるプレー向上
大きなストライド

回数 セット=**10**回　鍛える能力 股関節の可動域

Basic ストレートレッグリフト

1 壁に手をついて体を支え、まっすぐな姿勢を保つ

2 ひざを曲げず、股関節を支点にゆっくりと脚を上げる。脚と床が平行の状態で5秒止める

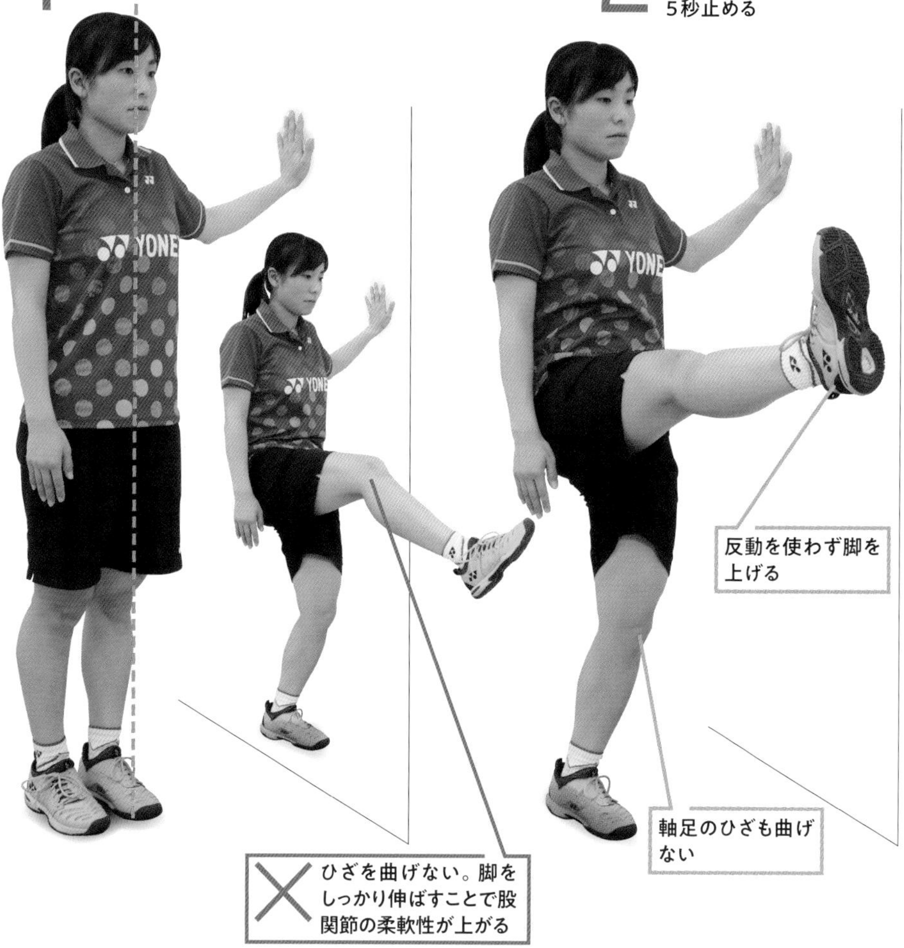

反動を使わず脚を上げる

軸足のひざも曲げない

× ひざを曲げない。脚をしっかり伸ばすことで股関節の柔軟性が上がる

Variation サイドレッグリフト

壁に両手をつく。ひざを曲げず、左右の脚を交互にゆっくり、床と平行になる高さまで上げる

股関節を支点に脚を上げる

かかとから上げる意識で

×つま先を天井に向けない

Variation バックレッグリフト

1 ひざをついて四つんばいになる

2 脚を後ろへまっすぐに、ゆっくりと上げる

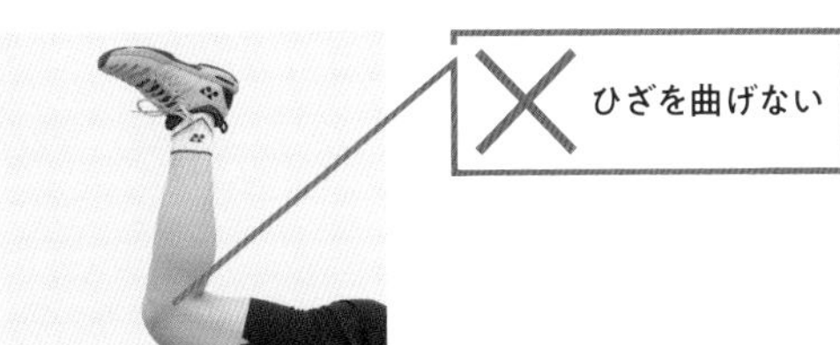

×ひざを曲げない

Theme 1 体の土台をつくる「股関節・脚」

スクワット

直立状態から腰を落として行うスクワットは、下半身の大きな筋肉を鍛えられるため、「キング・オブ・エクササイズ」と呼ばれる。ひざや腰を傷めやすいので必ず正しいフォームで行うこと。

前後左右に振り回されても、しっかりボールの下に入り、大地を踏みしめて打てればショットの精度は上がる。ソフトテニスをプレーするうえでの基本の下半身づくりといえるトレーニングだ。

望めるプレー向上 すべての動きの基礎

回数 セット=10回　**鍛える部位** 大腿四頭筋・大臀筋

Basic ハーフスクワット

1 足を肩幅より少し広く開き、手を頭の後ろに組む

2 股関節を曲げてお尻を後ろに突き出し、ひざの角度が直角になるまで腰を下ろす

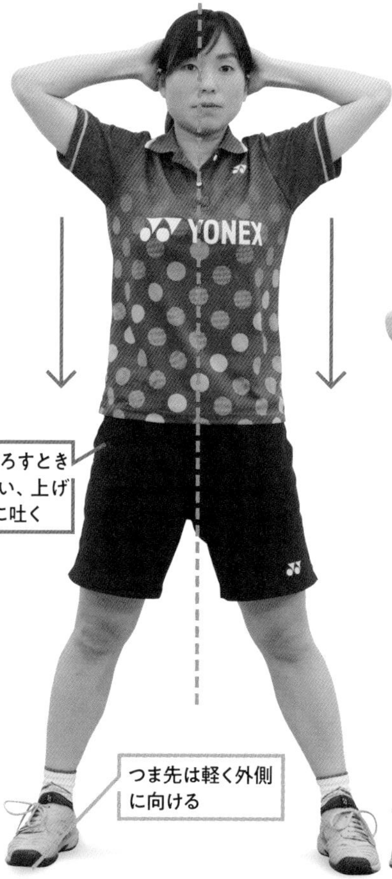

! 腰を下ろすとき息を吸い、上げるときに吐く

つま先は軽く外側に向ける

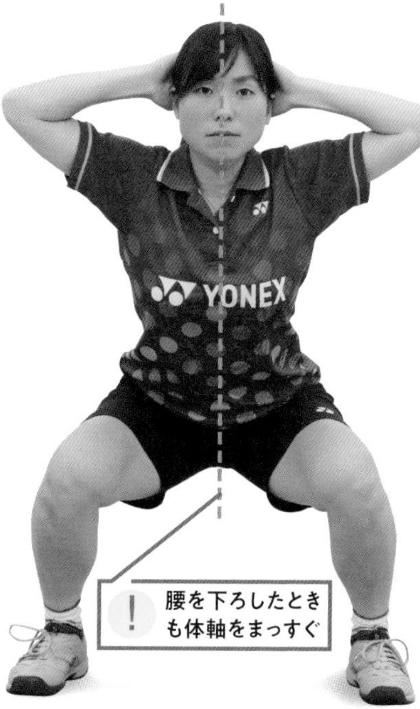

! 腰を下ろしたときも体軸をまっすぐ

Advice

深さを調節する

基本のスクワットとしてハーフスクワットを紹介したが、腰の落とし方を変えて、難易度を変えられる。

クォータースクワット
ひざの角度を45度程度まで曲げてしゃがむ。難易度は軽め。

ハーフスクワット
ひざの角度を90度程度まで曲げてしゃがむ。

フルスクワット
完全にしゃがみ込む。もっとも難易度が高い。

難易度高くなる ↓

〇 クォータースクワットの正しい姿勢

上体はつねに起こす

× ひざがつま先より前に出る

ケガの原因になりやすいフォーム。ひざを曲げるとき、お尻を後ろに突き出すことを意識する

× 前のめりになる

疲れて無意識に負荷を下げてしまっているケース。回数をこなすよりも、できる回数を正しいフォームで行うこと

ケガの要因になる。ひざが内側を向いていないか、チェックする

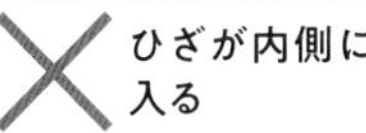

× ひざが内側に入る

Theme I 体の土台をつくる「股関節・脚」

スクワット

\HARD/
Variation ジャンピングスクワット

Advice

つま先で床を押す

足で床を押すのではなく、つま先でしっかりと床を押すこと。ふくらはぎも収縮させることができ、ダッシュ力もつく。

1 両足を肩幅程度に広げて、手にペットボトルやラケットなど重りを持つ

重りを持つことで体軸が安定する

2 沈み込んだ状態から垂直にジャンプし、腕を伸ばす

! まっすぐな背すじをキープ

3 体軸をまっすぐにしたまま床に足をつく

4 ハーフスクワットの体勢をつくる

しっかり腰を下げる

\HARD/

Variation 回転スクワット

1 両足を肩幅程度に広げて、手にペットボトルやラケットなど重りを持つ

2 つま先で床を蹴り、ジャンプしながら180度左回転する

腕をまっすぐ上げる

3 着地後、ハーフスクワットで沈み込んだときと同じ体勢をつくる

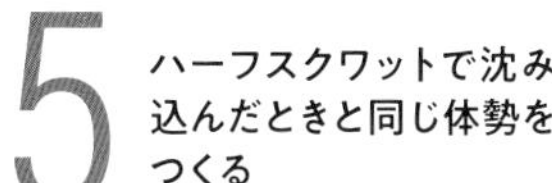

4 つま先で床を蹴り、ジャンプしながら180度右回転する

5 ハーフスクワットで沈み込んだときと同じ体勢をつくる

ランジ

ランジはスクワット同様、上体を上下動させて太ももやお尻などを鍛える。スクワットよりバランスがとりにくく、難易度はやや上がる。

ソフトテニスは予測不可能な相手のショットに素早く反応して、リターンしなければならない。ランジはストローク時、足を踏み込んだときのフォームと同じ。ランジを行うことで体の安定性が増す。

回数 セット=**10**回 **鍛える部位** 大腿四頭筋・大臀筋・ハムストリングス

望めるプレー向上
足の強い踏み込み

Basic フロントランジ

1 両足を揃えて立ち、片足を大きく1歩前へ出す

2 前に足を出したまま、股関節とひざを曲げて上体を沈める。ひざが90度になったら、前足で床を蹴り、元の体勢に戻る

Image

ストロークのフォームをイメージ

ランジは、ストローク時に足をしっかり踏み込んだときのフォームと同じ。

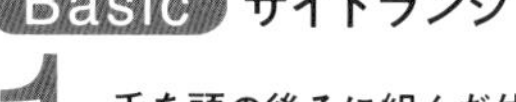

サイドランジ

1 手を頭の後ろに組んだ体勢から、片足を大きくサイドに1歩出す

2 足を踏み出したまま、腰を落としたら、踏み込んだ足で床を蹴ってセンターに戻る。逆側も行う

\HARD/
Variation ジャンピングランジ

1 左足を1歩踏み出したランジの姿勢からその場でジャンプする

2 跳んでいる間に前後の足を入れ替える

3 右足を前にして着地したあと、腰を落としてランジの姿勢をつくる

上体はまっすぐ

Theme 1 体の土台をつくる「太ももの内側」

テニスボールつぶし

太ももの内側にある内転筋は鍛えにくい部位だが、道具を使うことで簡単に鍛えられる。ここではボールをひざの間に挟み、筋力を上げていく。

望めるプレー向上
クロスステップ

ボールを勢いよく追ったとき、その勢いを止める力も働かなければ、打つとき、前のめりになってしまう。内転筋はこの止める力を持っている。ランジ時、踏み込んだ足を戻すときも内転筋を使っている。

回数 セット=**10**回 鍛える部位 内転筋群

1 立てたひざの間にテニスボールを挟む

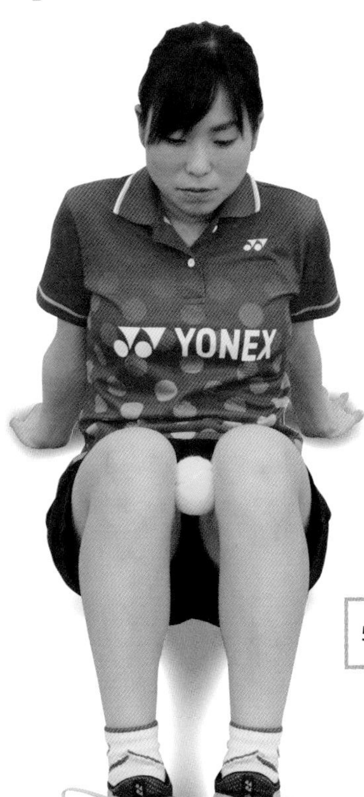

2 両ひざでテニスボールをつぶした状態を5秒間保つ

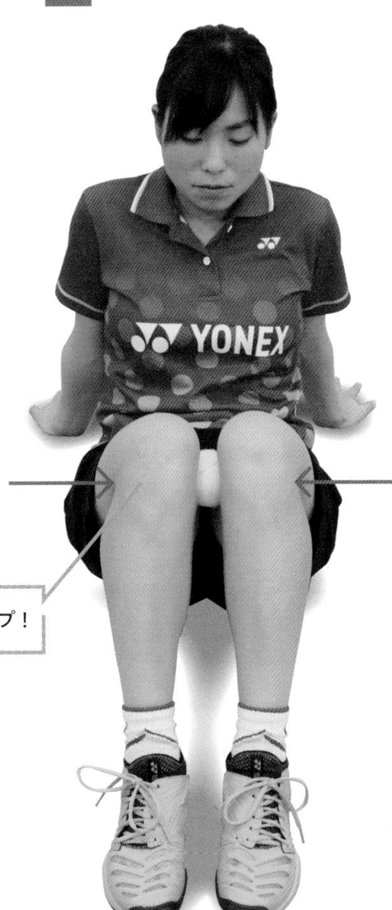

5秒間キープ！

Theme 1 体の土台をつくる「ふくらはぎ」

カーフレイズ

瞬発力に大きくかかわるふくらはぎの筋肉を下腿三頭筋という。この筋肉は瞬間的に大きな筋力発揮をする速筋の割合が高いのが特徴だ。

スプリットステップ時や、チャンスボールに素早く跳びついてボレーするとき、ジャンプするときなど、急に上方へ力を出すとき下腿三頭筋を多用している。瞬発力を高めるイメージで行う。

望めるプレー向上
強い地面の蹴り出し

回数 セット=**20**回 **鍛える部位** 下腿三頭筋

1 壁に手をつき、直立する

2 ゆっくりとかかとを上げ下ろしする

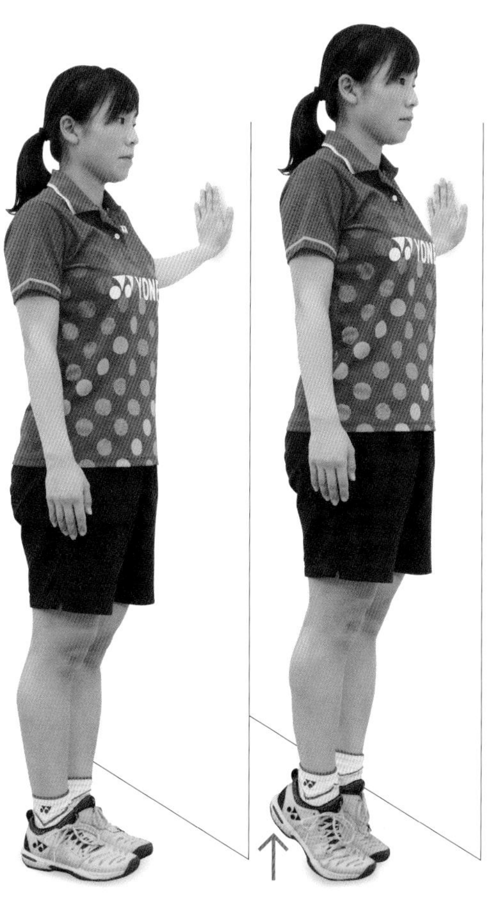

Advice

拇指球

拇指球で押す

拇指球とは、足の親指の付け根部分にある丸く膨らんだ部分のこと。かかとを上げるときは、拇指球で床を押す。止まっている状態から瞬発的に動き出すときは、拇指球に力を入れることでダッシュ力が生まれる。

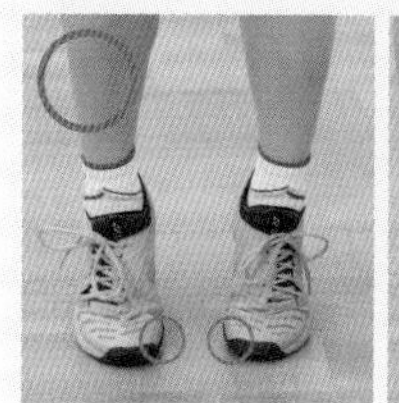

拇指球で押す

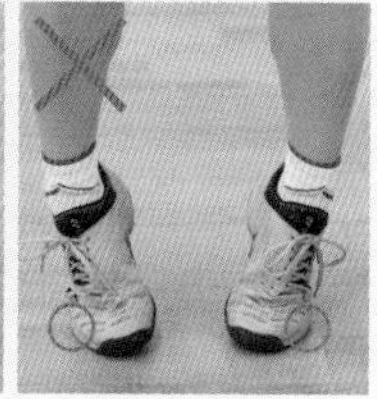

小指側で押す

Theme 1 体の土台をつくる「体幹」

プランク

体幹トレーニングとして効果に定評がある「プランク」。厚板(plank)という意味通り、胴体を板のようにまっすぐに伸ばしている状態を維持することで体幹を鍛える。

体幹を鍛えていれば、正確で力強いショットを打てるだけでなく、体勢が崩れても瞬時のリカバーが可能。ライン際の球を急いで打ったあとも体がコート外に流れず、次のボールへの準備も早くできる。

望めるプレー向上 ショットの正確性・力強さ

回数・時間 セット=30〜60秒、または10回 **鍛える部位** 腹直筋・深層腹筋

Basic 1 フロントプランク

うつ伏せの状態で床にひじをつき、つま先を立てて体重を支える。胴体を浮かせたまま30〜60秒間、静止する

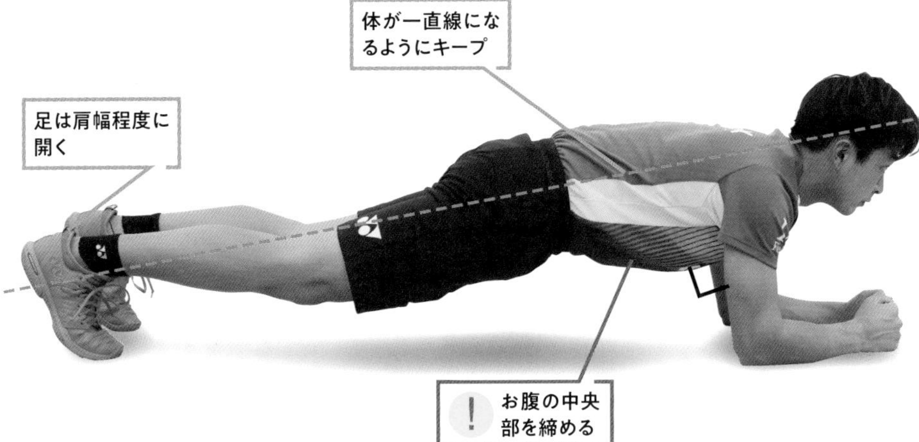

Variation 2支点フロントプランク

両手両足で体を支えたフロントプランクの体勢をとったあと、対角側の手脚を上げて、30秒間、静止する

手脚と胴体は床と平行になるように

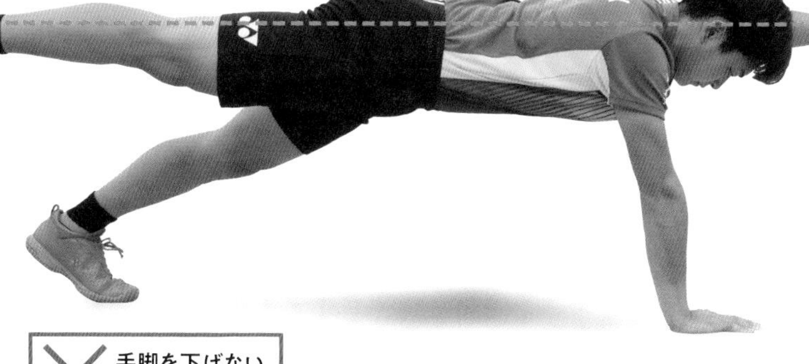

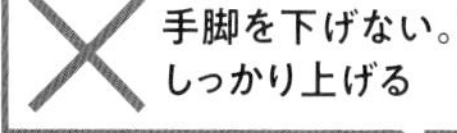

手脚を下げない。しっかり上げる

HARD

Variation 2支点胸つけプランク

2支点フロントプランクの体勢から、対角線の手脚を曲げてひじとひざを合わせては、伸ばす。合わせる、伸ばすを10回繰り返す

Theme 1 体の土台をつくる「体幹」

プランク

Basic 2 サイドプランク

横向きの姿勢をつくったら、床についたひじとつま先で体重を支える。この状態を30～60秒間、保つ

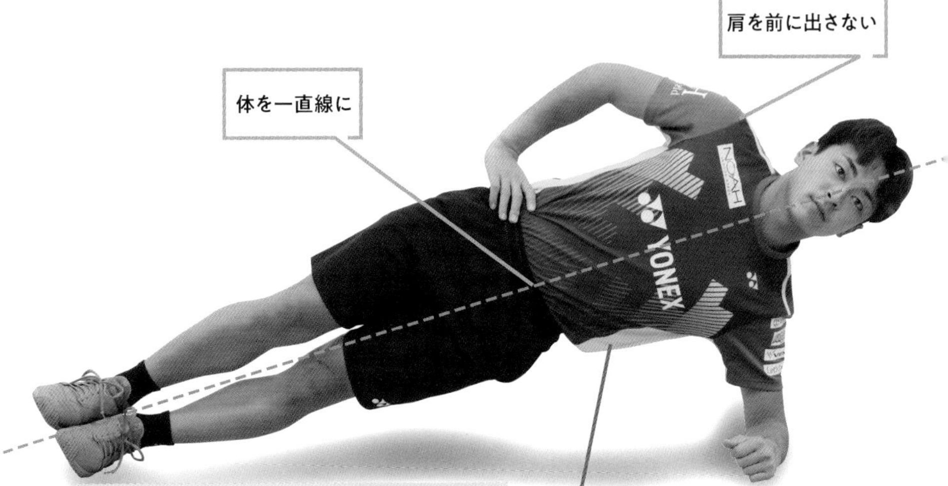

肩を前に出さない

体を一直線に

! 下の脇腹の筋肉を意識する

× 腰を落とさない

Variation サイドプランク脚前後

サイドプランクの体勢をとったあと、上の脚を前後に大きく動かす

Basic 3 バックプランク

仰向けの姿勢をつくったら、肩の下についた両手と、かかとを支点にして胴体を持ち上げる。この状態を30〜60秒間、保つ

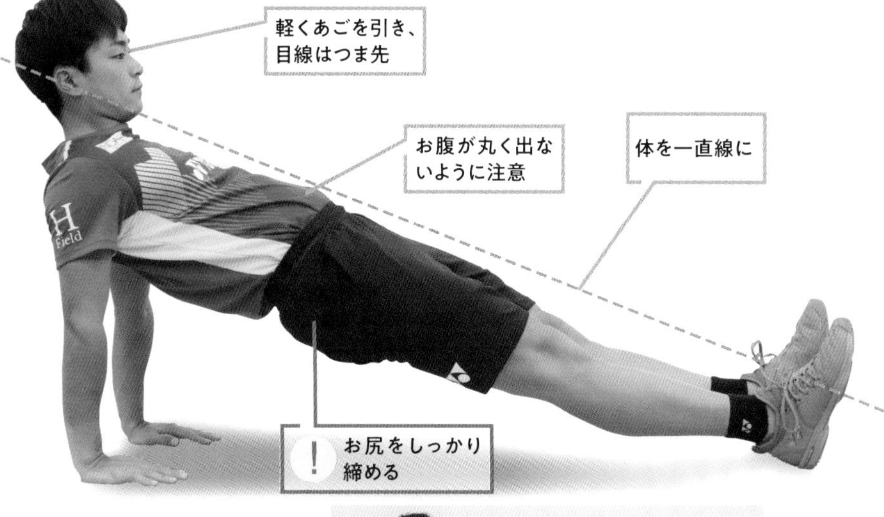

＼HARD／

Variation バックプランク脚上下

バックプランクの体勢をとったあと、片脚を上下に大きく動かす

シットアップ・クランチ・レッグレイズ

腹筋を鍛える代表種目には、仰向けから上体すべてを起こす「シットアップ」、背中を丸めて鍛える「クランチ」、仰向けの状態で股関節を屈曲させ、両脚の重さを効かせていく「レッグレイズ」がある。

腹筋は、サービス、ストローク、スマッシュ、ボレーとすべてのショットの安定性に関連し、前後左右に振り回された際にも、ミスを減らしてくれる大切な筋肉だ。

望めるプレー向上
ショットの正確性・力強さ

回数 セット=**15**回　鍛える部位 腹直筋・腹斜筋

Basic シットアップ・ストレート

1 仰向けになり、胸の前で腕をクロスし、上体を起こす

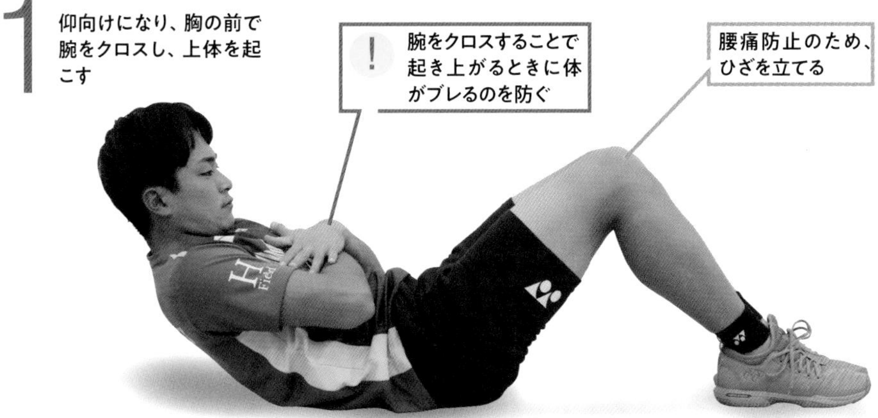

2 両腕をクロスさせたまま、ひじが太ももにつくまで上体を起こす。上体を下ろすときは背中を極力、床につける

Advice

腹の中心を意識

鍛えるのは腹直筋の中でも、とくに真ん中の部分。負荷がかかっていることを意識して行おう。

＼HARD／

Variation シットアップ・ツイスト

1 仰向けで立てたひざの間にボールを挟み、両腕をクロスさせたまま、上体を起こす

2 上体を起こしたら、できるだけ深く体を左右にひねる。体をひねったとき、両ひざでぐーっとボールを挟んでつぶす

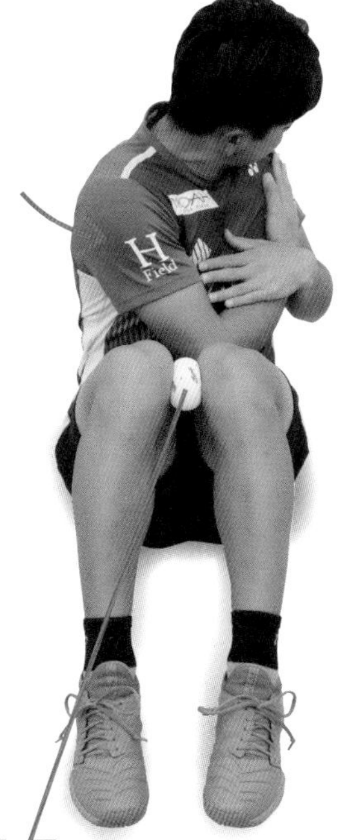

! ボールをつぶすことで太ももの内側の内転筋も刺激する

Advice

内転筋と連動させる

腹直筋と内転筋群の一部はつながっている。内転筋に力を入れることで、腹筋にも力が入り、トレーニング効果が上がる。

Theme 1 体の土台をつくる「お腹」

シットアップ・クランチ・レッグレイズ

Basic V字クランチ

Advice

「速く!」を意識

腹筋は、持久系の遅筋でおもに構成されているが、ソフトテニスでは腹筋に速筋的な働き方を求める。クランチは素早い腹筋運動をつくるのに向いている。

＼HARD／

Variation ツイストクランチ

1 片ひざを90度に曲げ、もう片方の脚は伸ばしたまま、床から浮かせる。上げたひざに対角側のひじでタッチする

2 素早く反対側も行う

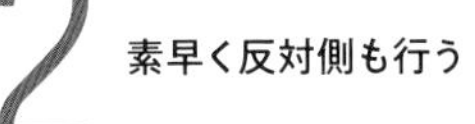

リズムよく繰り返す

！ 脇腹に意識を向ける

Advice

背中を床に戻さない ×

V字クランチもツイストクランチもつま先やひざをタッチしたあと、背中を床にべたっとつけない。

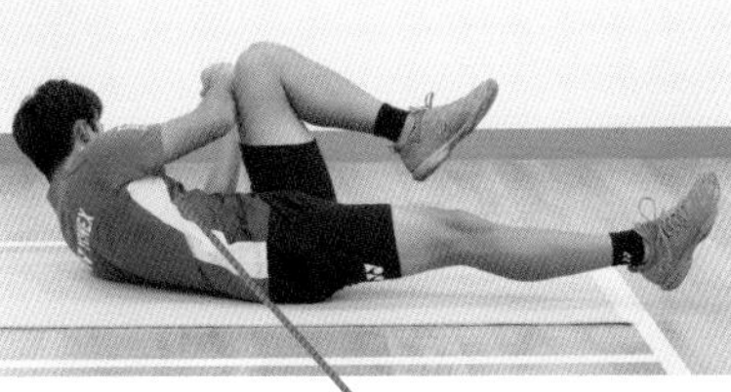

× ひざを上体に近づけてひざをタッチしない

Theme 1 体の土台をつくる「お腹」

シットアップ・クランチ・レッグレイズ

Basic レッグレイズ・ストレート

1 仰向けになって両脚を床につけずに伸ばす

2 股関節を支点にしてゆっくりと脚を真上に上げる。ゆっくりと元の位置に戻す

Basic レッグレイズ・サイド

腕を広げて手のひらを床につけ、仰向けになって両脚を上に伸ばす。両脚を揃えたまま、左右交互にゆっくりと脚を下ろす

Variation レッグレイズ・ランダム

レッグレイズ・ストレートとレッグレイズ・サイドをミックスさせる。両脚を上下、左右にランダムに動かす

! 足は床につけない

! 肩は床から浮かさず行う

\HARD/

Variation 自転車レッグレイズ

手のひらを床につけ、空中でゆっくりと自転車を漕ぐように脚を交互に動かす。ひと漕ぎごとに片脚は伸ばす

上腹部を意識

伸ばした脚はつねに床から浮かせる

Theme 1 体の土台をつくる「背中」

バックエクステンション

背中の筋肉は、背骨の両脇につき体幹を安定させる「脊柱起立筋」、脇から腰につき肩甲骨を動かす「広背筋」、首から背中の中央部につき腕を後ろに引いたり、開いたり閉じたりする「僧帽筋」などで構成されている。

サービストスやストローク時、肩甲骨を後ろに引いたと同時に、背筋等を使いながらラケットを加速させボールにパワーを与えている。背筋はテークバックの体勢からラケットを押し出すためにも使われている。

回数 セット=**15**回　鍛える部位 脊柱起立筋・広背筋・僧帽筋

望めるプレー向上
ショットの力強さ

Basic バックアーチ

1 うつ伏せになり、頭上に腕を伸ばし、両手を重ねる

2 ゆっくりと手脚を上げる

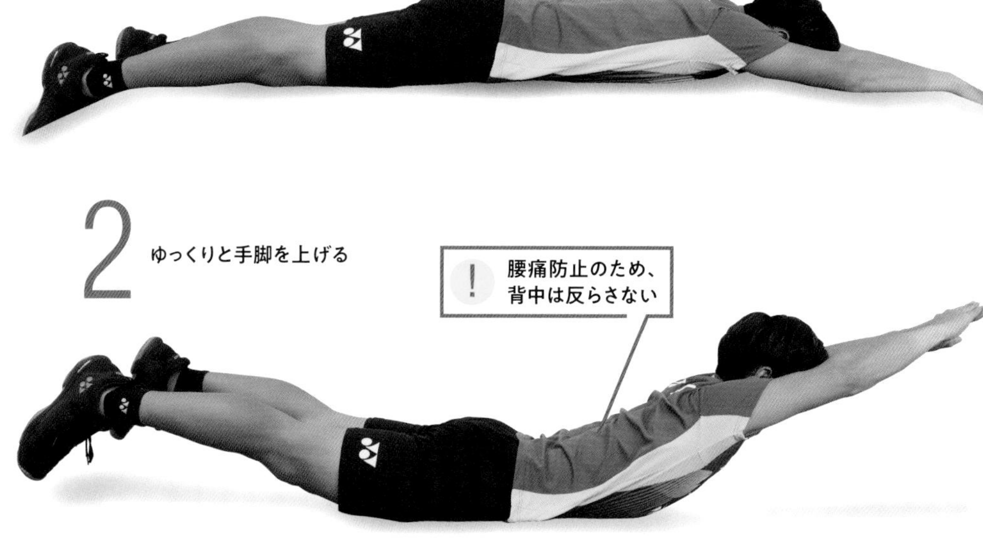

! 腰痛防止のため、背中は反らさない

Variation バックアーチ・クロス

1 右手と左脚を同時に上げる

2 左手と右脚を上げて、バタバタと動かす

! 腕を上げるとき、しっかりと肩甲骨を引く

Theme I 体の土台をつくる「背中」

バックエクステンション

＼HARD／

Variation 指先タッチ

1 うつ伏せになり、腕を横に伸ばし、体をT字にする

2 体をひねって左足のつま先で対角線側の右手指先にタッチしにいく

! 腕と手はあまり動かさず、足でタッチしにいく

Variation キャッチボール

1 2人1組になり、うつ伏せになって、両脚は床から浮かせる。最初はボール1個でキャッチボールする。ボールを投げる手は左右交互に

両脚は浮かせる

2 慣れてきたらボール2つで行う

\HARD/

Variation ひじを床につけない

ひじを床につけずに、上のキャッチボールを行うとレベルアップになる

Advice
高い打点を意識
なるべく高い位置でボールをキャッチし、リリースする。

Theme II パワーとスピードのある体をつくる

起き上がりトレーニング

仰向けに寝た状態から体を素早く起こし、できるだけ早くうつ伏せになるトレーニング。大きな力を出すだけでなく、さまざまな筋肉を速く使うことも求められる。短い時間で効率よく動くこと。

ソフトテニスは、咄嗟の動きが連続するスポーツだ。大きなパワーを最大限に速く出すシーンで、自分の体をブラさず、正確に動かすことを目指す。繰り返し行えば、持久力のトレーニングにもなる。

回数 **10**回 **鍛える能力** 体幹と手足の連動性

望めるプレー向上
ボールに速く反応する

Basic ストレートレッグリフト

1 ベースラインに足を向けて仰向けになる

2 笛が鳴ったら、素早く起き上がる

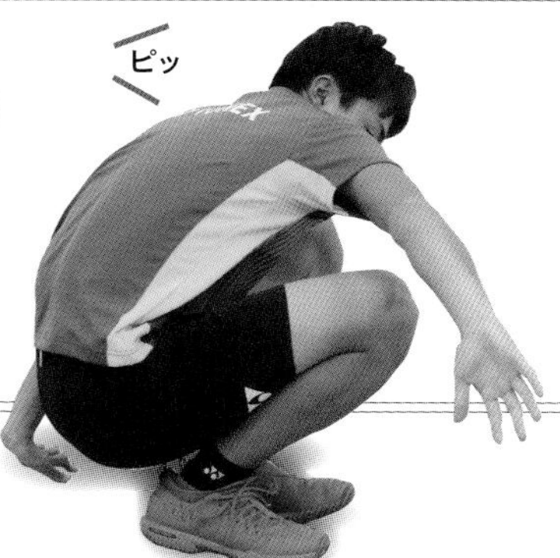

! お尻だけで向きを変えない

Advice

ラインを意識せずどこでも

テニスコート内のどこでも行えるトレーニング。アトランダムに仰向けになって行うといい。

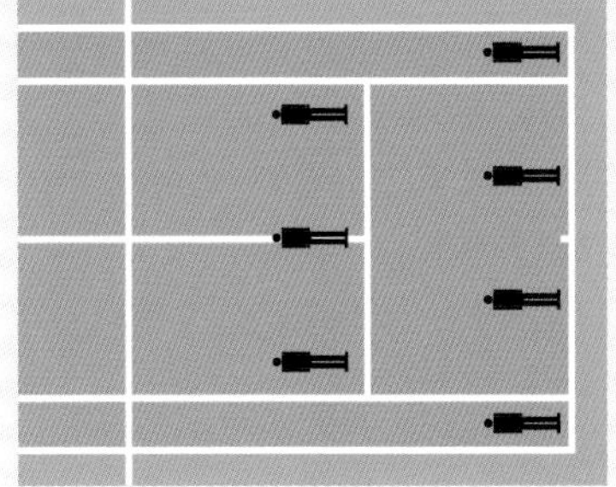

\HARD/

Variation 起き上がりジャンプ

頭の向きを変える前にジャンプを入れると、より負荷の高いトレーニングになる

3 足で地面を踏んで頭の向きを変える

体をフラフラさせない

4 頭をベースラインに向けてうつ伏せになる

Theme 11 パワーとスピードのある体をつくる

起き上がりダッシュ

体を起こすときは下半身だけでなく、体幹や背中など全身の筋肉をバランスよく使っている。ここでは前傾姿勢をつくることでさまざまな体勢からでも速く動き出す力を養う。

ストップ&ダッシュが繰り返されるソフトテニスでは、動き出しの1歩目がボールに早く追いつくために重要だ。動き出しの1歩を速くするには重心を素早く前に移動し、骨盤を前傾させることがポイントになる。

回数 各**2～3**回 **鍛える部位** 全身

望めるプレー向上
ボールに速く反応する

練習法

ベースライン上で仰向け、うつ伏せ、正座、長座という4パターンのいずれかの体勢をつくる。笛が鳴ったら、起き上がってネットまでダッシュする。それぞれ手を使わないで起き上がるようにすると、負荷が上がる

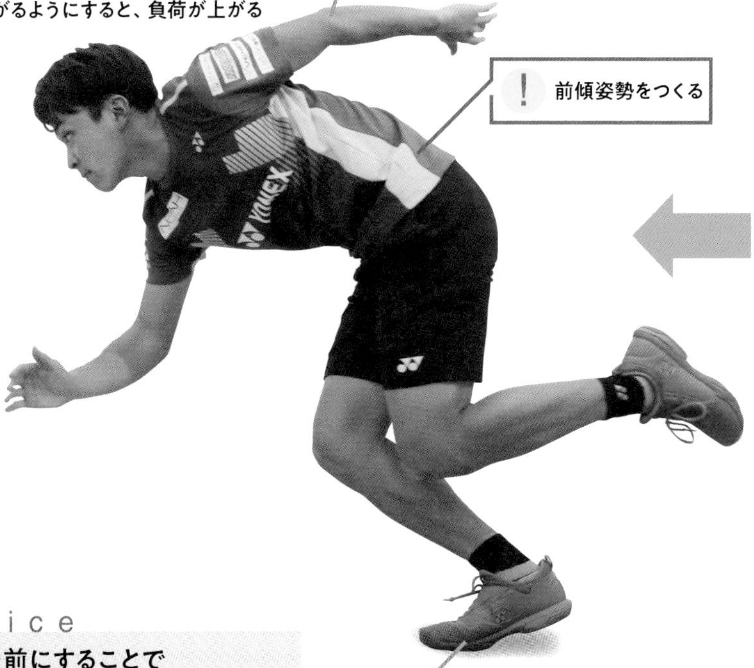

大きく腕を振る

! 前傾姿勢をつくる

拇指球で地面を強く蹴る

Advice

重心を前にすることでスピードが生まれる

地面に垂直に立った状態から、体を前傾させると、体は倒れまいとして自然に足が出る。前傾した不安定な体勢だからこそ、自然に動き出す力が生まれ、速く動くためのきっかけになる。

Basic 仰向け　仰向けになり待機する

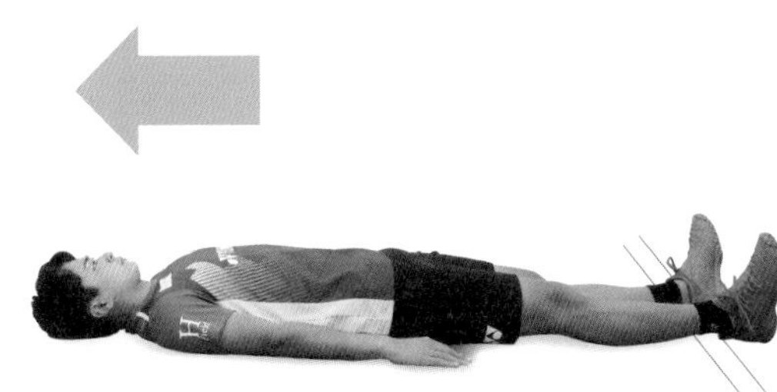

Basic うつ伏せ　うつ伏せになり待機する

Variation 正座　正座し待機する

Variation 長座　足を伸ばして座り待機する

胸つけジャンプ

走るとき、太ももの付け根にある「腸腰筋」を多用している。この筋肉が発達していると、動きにスピードが生まれる。高く跳ぶ運動は腸腰筋を鍛えるのに効果的なトレーニングだ。

ソフトテニスには、真上に跳ぶプレーは少ないが、体をバネのように使う場面はきわめて多い。腸腰筋は脚の付け根についたバネのようなもの。鍛えて収縮率が高くなれば、プレーもダイナミックになる。

回数 セット=**10**回　鍛える部位 腸腰筋・大腿四頭筋・下腿三頭筋

望めるプレー向上
ショットの力強さ

Basic

1 両足を揃えてひざを曲げ、重心を下げる

2 真上に跳んで、ひざを体の前に折り曲げる

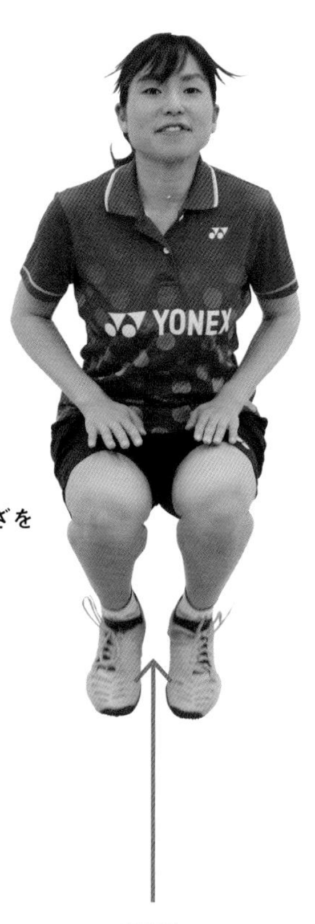

横から

!

かかとをお尻に
つけないように
注意。腸腰筋を
使って股関節を
曲げる

Theme Ⅲ スピードのある体をつくる

腕振りトレーニング

より速く走りたいならば、上半身も意識することが大切。ためしに腕を振らずに走れば、必ず違和感があり、手と脚が連動していることがわかるだろう。力強く腕を振る練習をして走りの速さを培う。

大きく腕振りすれば、自然とつま先も大きく遠くへ伸びる。それだけボールへ速く到達できる。

望めるプレー向上
速い足づくり

回数 セット=**30〜100**回 鍛える部位・能力 体幹・腕の振り方・上半身と下半身の連動

Basic その場で腕振り

1 親指とひじにゴムを引っかけ、ひじを90度に曲げる

! ゴムをかけるとひじの角度を保つことができる

手の腱を伸ばすと、脚もよく動く

! 腕を後ろに引いたとき、ひじを伸ばさない。ひじを曲げているから、次の脚を速く出せる

2 ひじを曲げたまま、できるだけ速く、大きく100回腕を振る

Advice

手のひらはパー

腕を振る動作は肩甲骨の動きに大きくかかわる。手を「グー」にしたときと、「パー」にしたときの腕振りを試してほしい。「パー」にしたときのほうが、肩甲骨を大きく動かせることがわかるはずだ。大きく動かしたぶんだけ、ストライドは大きくなる。陸上の短距離選手の手もほとんど「パー」だ。

\HARD/

Variation 左右ひねり

腕振りと同時に、その場で腰をひねり、リズミカルに30回体を動かす

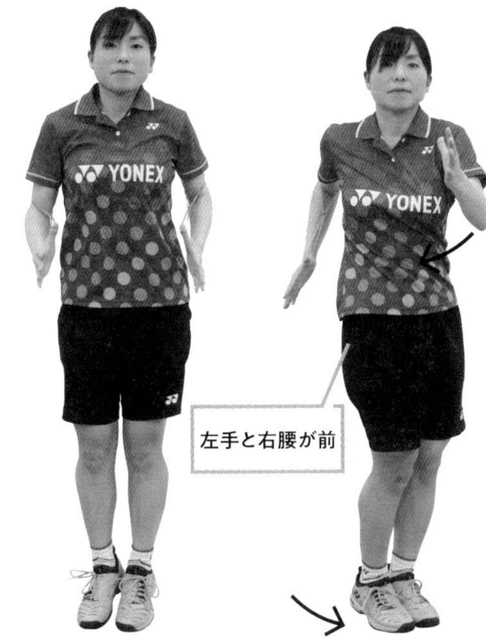

\HARD/

Variation 腕振りラン&ダッシュ

その場で走りながら30回腕振りをする。慣れてきたらダッシュも加える

Theme Ⅲ スピードのある体をつくる

斜め体勢のレッグレイズ

P132で動きを紹介したが、「走る」とは、前傾姿勢をとることで「倒れる力」をつくり、完全に倒れる前に足を出していく連続運動だ。ここでは故意に前傾した状況をつくり、速い走り出しの体勢をマスターする。

望めるプレー向上
速い走り出し

早くボールに到達できれば、打てるショットの選択肢が増える。早いぶんだけ対戦相手に「次はどんなショットがどこに来るのだろう」と迷わすことも可能だ。そんな速い脚づくりを目指す。

回数 セット=**10**回 鍛える部位 体幹・股関節

Basic 壁つきレッグレイズ

1 壁に前腕をつき、前傾姿勢をつくる

2 ゆっくりと太ももを引き上げ、その状態を5秒キープする

背中は反らせる

! 体が前に出ようとする感覚、地面を強く蹴る感覚を覚える

Image

ⓒGetty Images

素早い1歩目をつくる

速くダッシュするためには後ろ足のパワーを有効に使うこと。陸上のクラウチング・スタートは前傾姿勢をつくり、後ろ足の蹴り出しのパワーを生んでいる。

＼HARD／

Variation 斜めレッグレイズ

1 ひざくらいの高さの台にひじを乗せ、つま先を立ててバランスをとる

頭から足まで一直線

2 片ひざを素早く引き上げ、もも上げの動作を繰り返す

! 完全に体が倒れる前に後ろ足が前に出たがる感覚を覚える

バウンディング

片脚だけで進んでいくいわゆる「ケンケン跳び」。ダイナミックにできると、速く走るための正しい股関節の使い方や腕の振り方を動きながら学ぶことができる。

ソフトテニスでは持久的な走る能力も必要だが、短距離的な走る能力がより要求される。体を大きく使う方法を身につけ、瞬発的に速く走れる能力を高めることでパフォーマンスも高められる。

回数 コート横を**1**往復　**鍛える部位** 股関節

望めるプレー向上
速いフットワーク

1 右脚を軸にし、左脚を高く振り上げながら、片脚でジャンプし、1歩前に進む

2 着地と同時に、左脚を振り下ろす

Advice

股関節の動きを学ぶ

遠くへ跳ぶには、軸足でないほうの脚を振り子のように大きく動かさなくてはならない。このとき、股関節をしっかり動かすことが大事。股関節を大きく動かすことで速く走ることができる。

! 腕もダイナミックに動かす

3 左脚を体の後ろまで、できるだけ大きく振る

4 片脚ジャンプと同時にまた1歩前に進む。逆脚でも行う

なわ跳び

なわ跳びには短時間に大きな力を発揮する運動が入るため瞬発力を促す。より複雑な動きができるようになれば、咄嗟に動く反応の速さも増す。軽快なフットワークを生むリズム感も養える。

なわ跳びで瞬発的に複雑な動きができる力をつければ、突然、体まわりにボールを打ち込まれても素早く半身の体勢になってラケットを振れるスペースをつくるなど、ボールへの対応力が高まる。

望めるプレー向上
咄嗟の対応力

回数 各**20～100**回 鍛える部位 アキレス腱・ふくらはぎ

Basic 一重跳び&二重跳び

1回跳ぶごとになわを1回転させる一重跳び、または2回転させる二重跳びを3分間行う。ひじは固定し、肩は使わず、前腕でなわを回す。スピードを上げるほど難易度は高くなる(一重跳びは100回、二重跳びは20回)

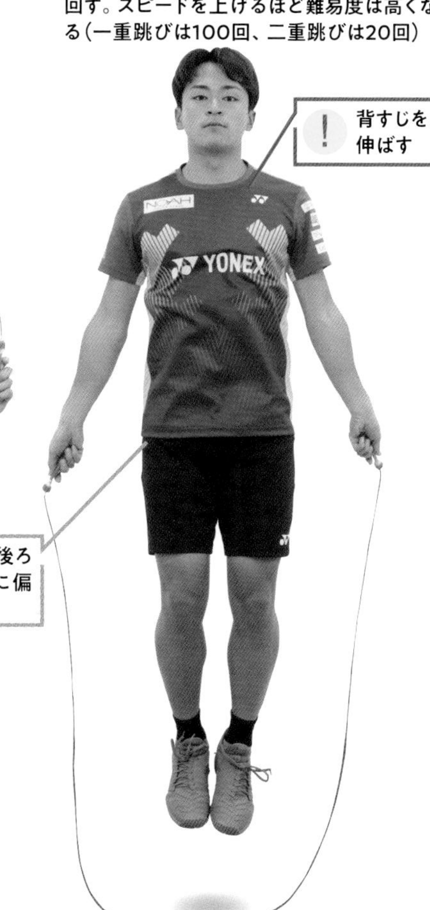

! 背すじを伸ばす

重心が前か後ろのどちらかに偏らないように

! 拇指球を使って跳ぶ

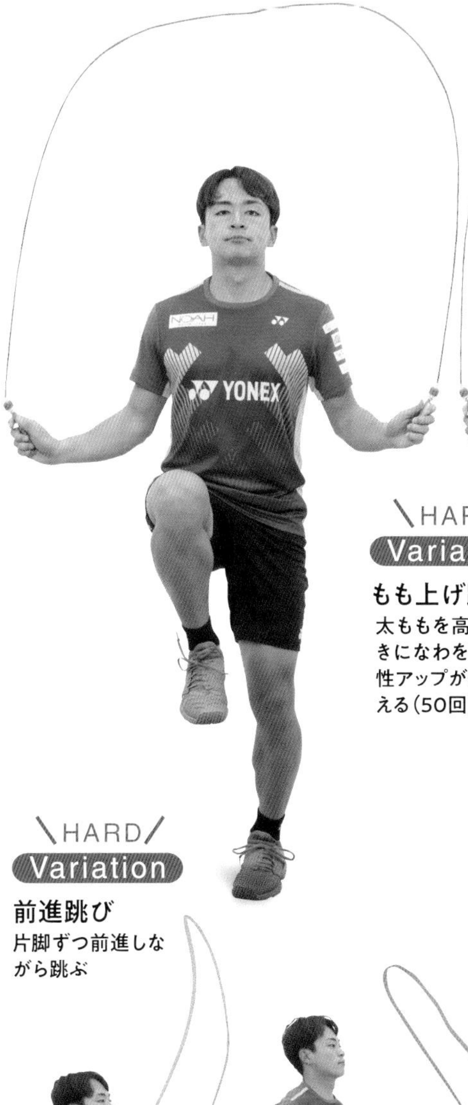

＼HARD／

Variation

もも上げ跳び

太ももを高く上げたときになわを跳ぶ。敏捷性アップが効果的に狙える（50回）

＼HARD／

Variation

前進跳び

片脚ずつ前進しながら跳ぶ

ダッシュ

ここまで速く走るための前傾姿勢のつくり方、拇指球での地面の押し方などを学んできた。実際に陸上競技と同じスタートを切ることで、正しいスタート方法が身についているか、再確認する。

速い動きを身につけるための総まとめ。速い動きをするために、「前傾姿勢をつくる」「拇指球で地面を蹴る」という短距離離走の基本はソフトテニスでも同じであることを理解しておく。

回数 セット=**5**回 **鍛える部位** アキレス腱・ふくらはぎ・体幹

望めるプレー向上
咄嗟の対応力

Basic クラウチング・スタート

サイドラインをスタートラインとして手をつき、足を前後に広げてクラウチング・スタートの姿勢をとる。笛が鳴ったら、反対側のサイドラインまでダッシュする

GO！

Basic スタンディング・スタート

スタンディング・スタートの姿勢をとり、笛が鳴ったら、ダッシュする

Variation 待球姿勢からダッシュ

待球姿勢と同じスタートの姿勢をとり、笛が鳴ったら、ダッシュする

GO！

！ 重心を前に移し、前傾姿勢をつくる

＼HARD／

Variation コート往復

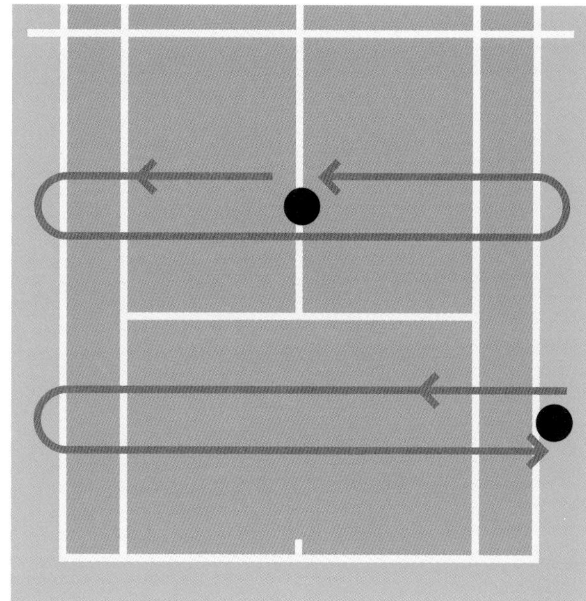

1 コートのセンターから左のサイドラインに走ったあと、右のサイドラインまで走り、元の位置に戻る

2 右のサイドラインから左のサイドラインまで走ったら、元の位置に戻る

Advice

方向転換を素早く

ソフトテニスには方向転換する場面がきわめて多い。どう体を使えば、速く方向転換できるか考えて行うこと。

Theme Ⅳ 敏捷性のある体をつくる

ラダートレーニング

はしごのマス目をさまざまな方法で踏んでいくラダートレーニングは、足の細かな筋肉を刺激し、敏捷性や瞬発力を伸ばす。体の器用さを高めるのに効果的なトレーニングだ。

フットワーク時の細かい動きや方向転換を速く、正確に行う能力を培う。飛んでくるボールを的確にとらえ、自分の思い通りに返球するための空間認知能力も高められる。

回数 各**1**回　鍛える部位 アキレス腱・ふくらはぎ

望めるプレー向上
素早いフットワーク

Basic 股関節ツイスト

1 枠の外側に立つ

2 右脚を高く上げながら、ラダーの左サイドに足を運ぶ

3 右足を地面についたら、左脚を高く上げ、ラダーの次列の右サイドに足を運ぶ

! 股関節・ひざ関節を大きく動かし下半身だけを使う

上半身はつねに前に向ける

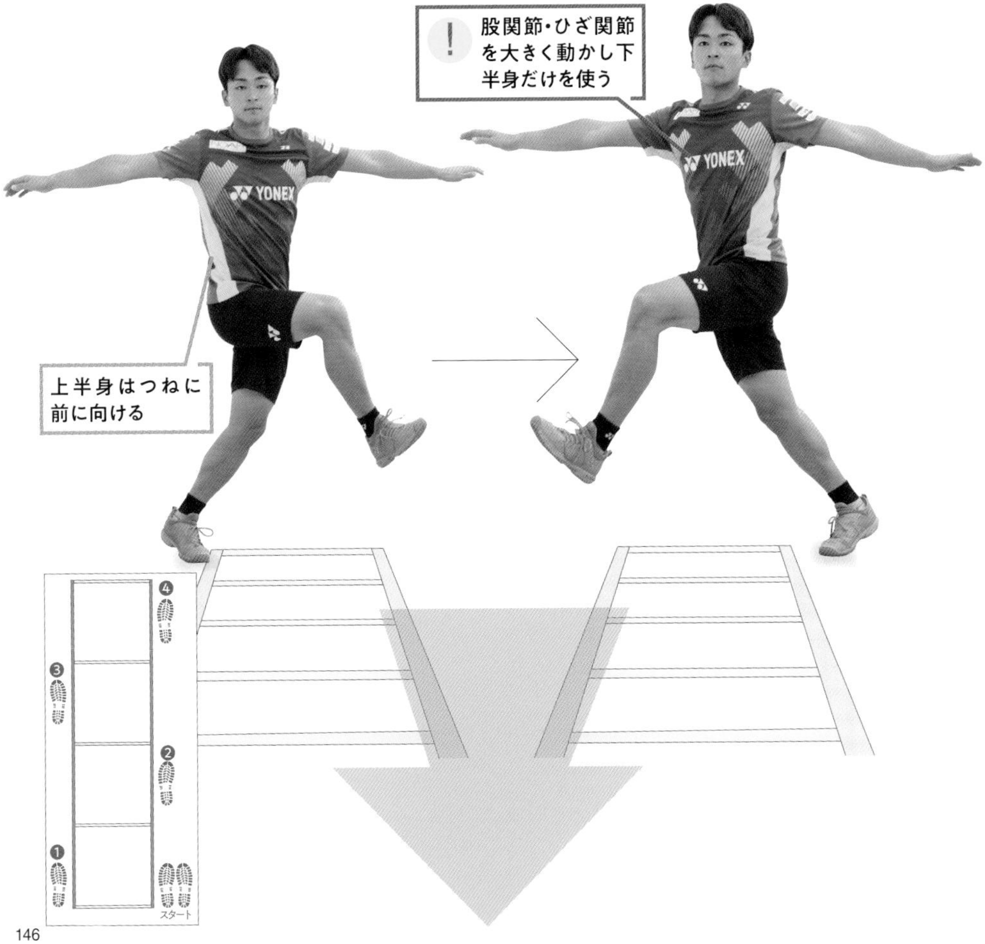

❹
❸
❷
❶
スタート

Variation 中々外々

1 枠の外側に立つ

2 中央のマスに左足、右足の順に置く

3 左足を左サイドに置く

4 次列の中央のマスに右足、左足の順に置く

5 右足を右サイドに置く

Advice
ラダーを見ない

空間認知能力には、物体の位置や距離感をイメージとして記憶する力がある。「このあたりにボールが来るだろう」という判断力ともいえる。ラダーを見ないで、このトレーニングをすることで、空間認知能力を効果的に高められる。

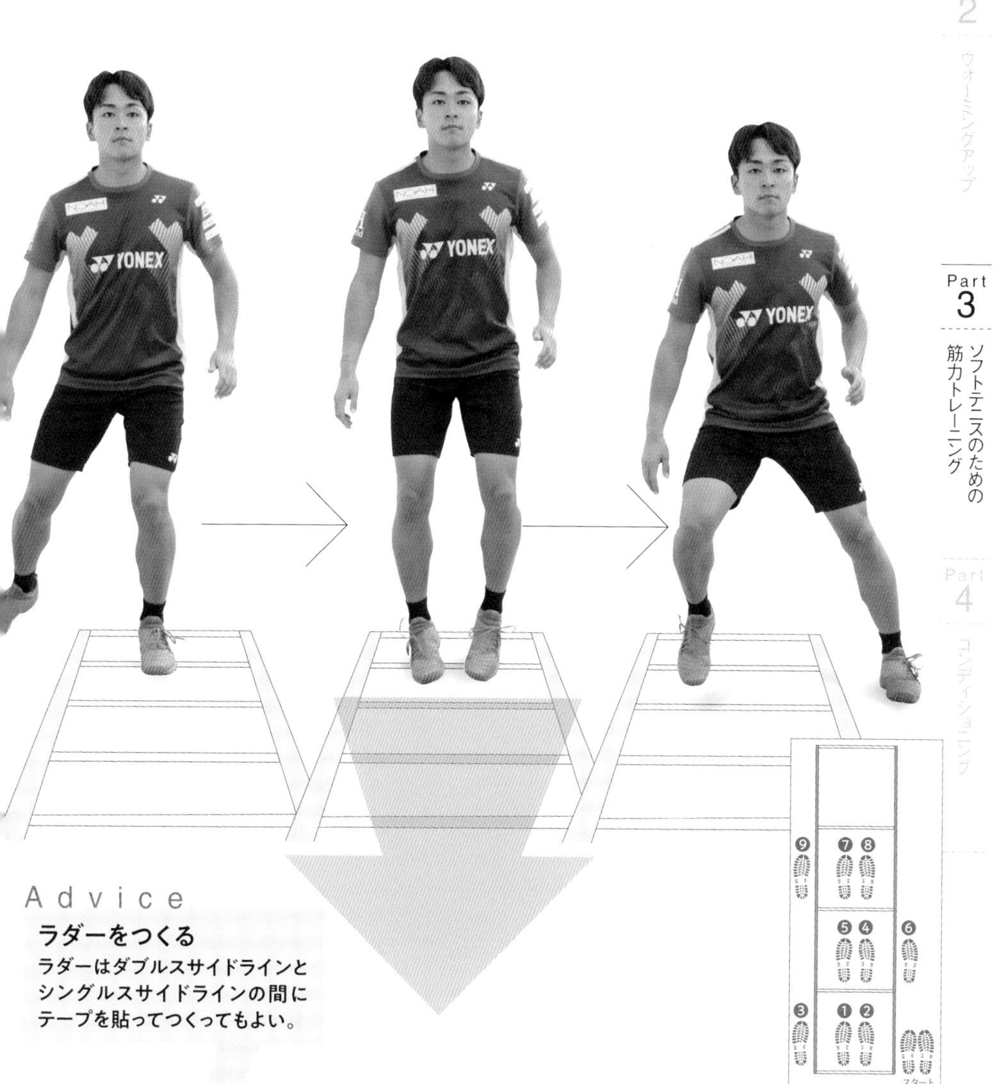

Advice
ラダーをつくる

ラダーはダブルスサイドラインとシングルスサイドラインの間にテープを貼ってつくってもよい。

Theme Ⅳ 敏捷性のある体をつくる

ラダートレーニング

Basic サイドステップ

1 枠の外側に立つ

2 中央のマスに右足を置いたら、枠の外で左右の足でステップを踏む

3 次列の中央のマスに左足を置いたら、枠の外で右左 の足でステップ

4 以降も横向きに進む

スタート

Basic 小刻みサイドステップ

1 枠の外側に立つ

2 図のように横に移動しながら、前に出るときは、左足を斜め先に出す

3 後ろに下がるときは、右足を後ろに出す

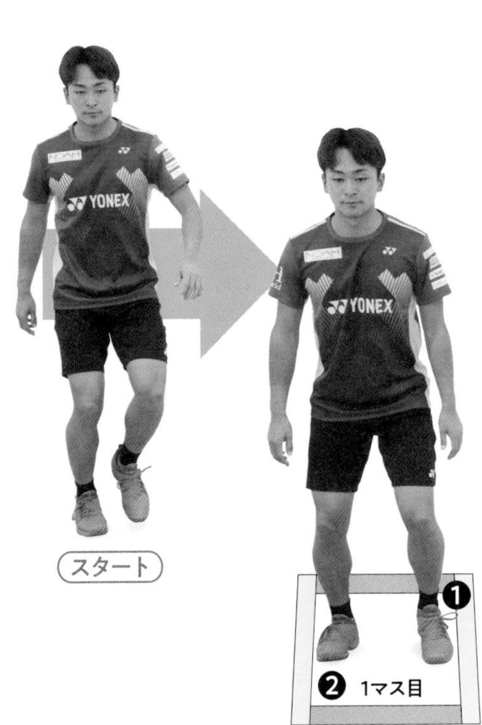

スタート

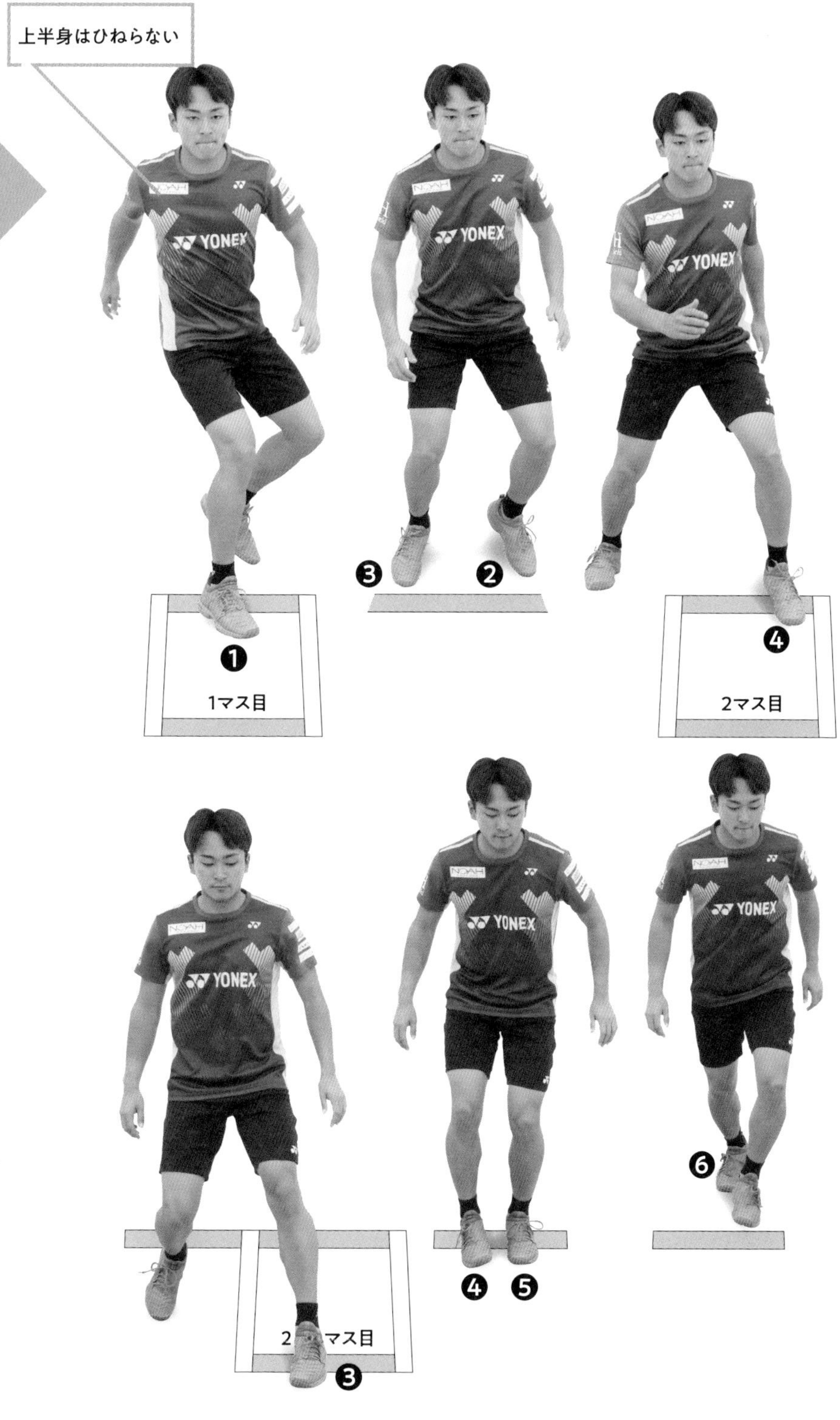

上半身はひねらない

❶

1マス目

❸ ❷

❹

2マス目

2マス目

❸

❹ ❺

❻

Theme Ⅳ 敏捷性のある体をつくる

マーカーゲーム

次にどこに動けばいいか、瞬時にわからない状況をつくり、咄嗟に動く反応の速さを磨く。動いてきた方向と逆の方向に動かなくてはならない状況になったとき、大きな効果を発揮する。

望めるプレー向上
フットワーク

低重心での素早いフットワークは、下半身の筋力はもちろん、体幹、背筋など、総合的な筋力の強さが求められる。このトレーニングで自分の弱いところが感じられたら補強トレーニングをするとよい。

時間 **1**分 鍛える能力 総合的体力

Basic マーカー置き換え

1 練習者と指示役が2人一組になり、それぞれの前に3~4個のマーカーを横一列に間隔を開けて置く

2 指示役が自由にマーカーを1つ取り、好きな場所に移動する。移動するときは、横へのフットワークを使う

3 練習者は指示役がマーカーを移動した場所と同じ位置に、自分のマーカーも動かす

! 重心を低く保ったまま移動する

練習者

指示役

Variation 指示フットワーク

1 練習者は四方にマーカーを置く

2 指示役は練習者の前に立ち、指で動く方向を指示する

3 練習者は指示された方向のマーカーにタッチしたら、センターに戻る

4 指示役は次に動く方向を指示する

腰を落としてタッチ

ひざを伸ばし、前のめりになってマーカーにタッチすると時間のロスが大きい。ひざを曲げて重心を落としてマーカーにタッチする。

Theme V 持久力のある体をつくる

コートでのスタミナトレーニング

「スタミナがある」とは、全身を長時間、動かし続けられる全身持久力が高いことを意味する。筋肉や心肺機能を強化し、持久力を高めればプレーに余裕が生まれ、自分の体を操作しやすくなる。

ソフトテニスの試合時間は、30分から40分だが、ずっと走り続けるわけではない。速く動いて、止まって、の繰り返しだ。そんな特性に合った、コートでできるスタミナトレーニングを紹介する。

望めるプレー向上
質の高いプレーの持続

回数 コート3〜10周 鍛える部位・能力 アキレス腱・ふくらはぎ・全身スピード&スタミナ

Basic サーキットトレーニング

あらかじめコートの周りでどんなトレーニングをするか、種目を決めておき、1分ずつ、全種目を行う。運動と運動の間は30秒から1分程度の休憩を挟んでもよい

チームに人数が多く、コートに入りきれないときに、この練習を取り入れるとよい

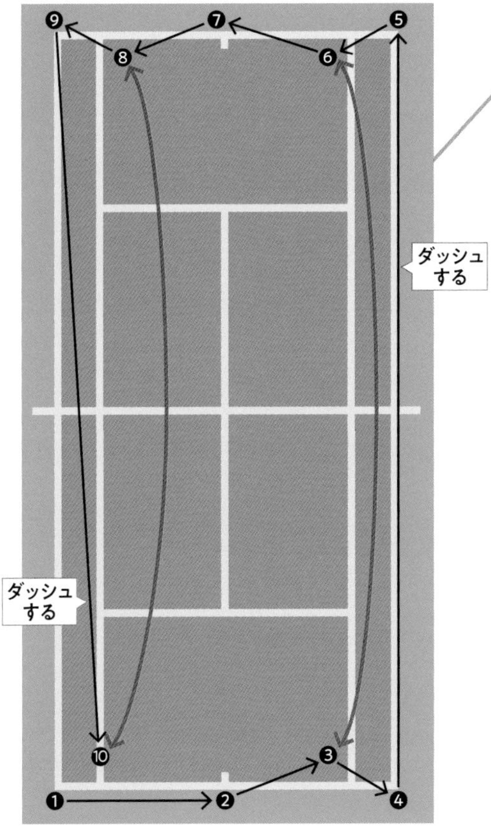

ダッシュする

ダッシュする

トレーニング例

❶腹筋
❷背筋
❸乱打
❹胸つけジャンプ
❺フロントプランク
❻乱打
❼回転スクワット
❽乱打
❾腕立て伏せ
❿乱打
❶に戻る

Advice

心拍数が上がった状態で打つ

サーキットトレーニングでは、ボールを打ち合う種目も入っている。筋トレした直後、心拍数が上がった状態で行うので、ミスを起こしやすいが、正確に打ち合うこと。

Variation ウェーブ走

コートを10周する。このとき、図のようにダッシュする区間と、ジョグする区間をつくる

ダッシュ

ジョグ

ソフトテニスは、ダッシュと停止を繰り返す間欠運動。特性に合わせたスタミナトレーニングだ

ジョグ

ダッシュ

Variation 追い抜き走

1 コート2面分を数名で縦列になりジョギングする

2 列の一番後ろの人●は、前の人●をジグザグに抜いたら、ダッシュして集団に追いつく。集団に加わったら、先頭につく

3 一番後ろの人が同じことを繰り返す

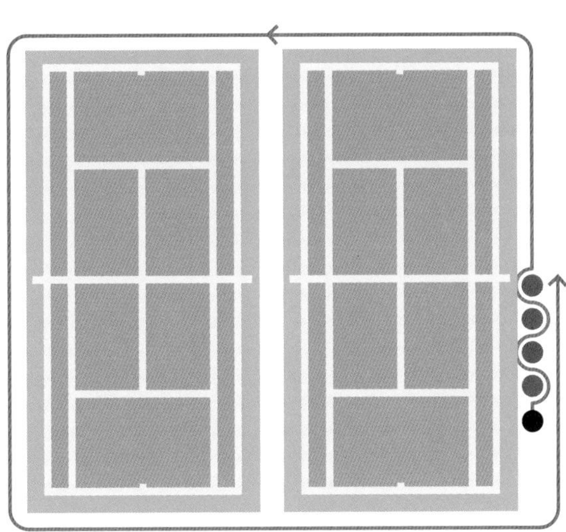

Column 3

「手打ち」から卒業し「大きな筋肉」を活用した打ち方を

ソフトテニスには「手打ち」という言葉があります。全身の力を使わず、手の力だけで打つことです。

ジュニア年代からU-14年代（12〜14歳）にかけては、運動神経などの神経系が著しく発達する時期ですが、ジュニア年代においては上半身の神経が先に発達していきます。上半身（腕など）の筋肉群はとても小さな筋肉の集合体で、神経の伝達を的確に表現できる筋肉であり、ジュニア年代はいわゆる「手打ち」でうまく打てるようになります。

小さいときに自転車に乗れるようになると、大人になってしばらく乗らない時期があっても神経が忘れないように、この時期に「手打ち」で覚えたテクニックはそう簡単には失われません。

その後、U-14年代の成長過程において、体格、筋力の発達が進んでいきます。それだけに、自体重レベルでのトレーニングを始めるのによい時期なのですが、大きな筋肉の発達にともなっての体の使い方も、徐々にトレーニングしておく必要があります。

下半身（脚）などの筋肉は大筋群といい、手に比べると繊細な動きができません。「地面から力をもらって、上半身〜腕に伝えていく」といった力の使い方の流れも、教え込まなければいけない時期です。「手打ち」でコートにボールを収めるような方法だけでは、動きのダイナミックさを欠き、将来的に伸び悩む原因にもなります。

では、大きな筋肉の活用とは何か。プレー時にスクワット姿勢で足の蹴りを使い、地面からの縦方向の力を横方向に変えていくことです。トレーニングを並行して行い、コートでは、下半身からの力の獲得と神経伝達をよく行って、ダイナミックな体の動かし方を覚えるようにしてください。

メディシンボールを使ったトレーニングで体の動かし方を学ぶU-14選手たち

Part

コンディショニング

毎日、体をベストな状態に保つことは、
試合に勝つためにも、
効果的な練習をするためにも大切です。
クーリングダウンやアイシングの方法を覚え、
激しく動いた疲労をその日のうちに除去しましょう。

翌日のパフォーマンスを上げるコンディショニング

「疲労回復」「ケガ予防」「リラックス効果」を期待

2020 年 8 月　　Team

		日付	1	2	3
		曜日	土	日	月
		練習・試合・OFF	練習	練習	OFF
		計画レベル	3	3	4
		自覚体調レベル	3	3	4
練習・トレーニング		技術練習	300分	300分	分
	1	乱打	○	○	
	2	後衛練習	○	○	
	3	前衛練習	○	○	
	4	全体練習	○	○	
	5	ゲーム			
		トレーニング	45分	45分	分
	1	ジャグリング	○	○	
	2	腕振り	○	○	
	3	バランス	○	○	
	4	倒立	○	○	
	5	スクワット	○	○	
	6	腕立て伏せ	○	○	
	7	腹筋	○	○	
	8				
	9	ダッシュ			
		腹部&サイド			
		背筋			
		ストレッチ	○	○	
		ランニング	周	周	周
コンディション		目覚状態 良・悪			
	体調	最高 / 良い / 普通 / 重い / 最悪			
		排便 ○・×	○	○	○
		起床時体重	56	56	57
		睡眠時間 h	7	7	6
○△×		毎日のチェック項目			
		①朝食を食べましたか	○	○	○
		②練習（試合）時の調子	△	△	○
		③練習後の疲労度	△	△	○
		④今日の食欲	○	○	○
		⑤自主ケア	○	○	○
		今日のひと言！	今日は楽しかった	ストローク悪い	休み

コンディショニングシート
練習・トレーニング内容、睡眠時間、便通、食欲、練習後の疲労度など記録しよう。グラフは体調のよしあしを示す

「コンディショニング」とは、体をよい状態に向かわせ、維持することを指します。「今日はたまたま調子がいい」というように、自然によくなるものではなく、“意図的”に調子のいい状態をつくっていくのです。

たとえば、毎日の練習や試合によって体は大きなダメージを受けますが、その日のうちに疲労を除去し、体を元の状態へリセットできれば、翌日も試合や練習でいい動きを保てます。しかし、何もせず疲労を残したままにすると、思わぬケガの要因になることも。ケガの予防のためにも、コンディショニングは必要です。

普段から、自分の体調がどんなときに悪くなりやすいか、よくなりやすいか、調子の波を知っておくこともおすすめです。今日はどんなトレーニングをしたか、体調はどうか、日誌を書く習慣をつけるのもいいでしょう。

また、これから紹介するコンディショニングには、運動で活性化していた交感神経の働きを和らげ、心身をリラックス状態に導く副交感神経を優位にするものもあり、質のいい休息時間や睡眠をもたらしてくれます。つまりコンディショニングには、①疲労回復、②ケガ予防、③リラックス効果という大きな３つの目的があるのです。

クーリングダウンは練習直後がベスト

では、実際に何を行えばいいのか。コンディショニングの代表格は、皆さんもよく知る「クーリングダウン」です。筋肉を激しく動かすと、筋肉エネルギーの糖が減少し、乳酸発生時に同時に発生する水素イオンによって体が酸性に傾きます。これにより筋収縮が妨げられます。しかし、クーリングダウンで遅筋繊維や心臓を動かし、血流量アップを促せば、組織の正常化がもたらされ、筋肉を早く回復させることができます。まず、軽いジョギングをし、血液循環を促進させましょう。

さらに、クーリングダウンでは、「静的ストレッチ」とも呼ばれる「スタティック・ストレッチ」を行います。反動をつけ

スタティック・ストレッチはゆっくりと行う

ずに、ゆっくりと筋肉や腱を伸長してください。ケガにつながるので痛みが出るまで行わないことがポイントです。

「スタティック・ストレッチ」は、練習後ジョギングの直後に行うのが望ましいです。しかし、ウォーミングアップの時間を設けていてもクーリングダウンの時間まで計算していないチームがほとんど。あらかじめ練習時間に組み込むようにしてください。

時間がないときは、ジョギングだけでもかまいません。家に帰ってお風呂に入ったあとや、テレビを見ているときなどに「スタティック・ストレッチ」を行うのもよいでしょう。今回紹介するすべてを行うのが難しかったら、「今日は上半身、明日は体幹、明後日は下半身の日」など、分けてもいいのです。とにかく習慣化することが大切です。

疲労がたまったとき、ケガしたときのスペシャルケア

「スタティック・ストレッチ」が、習慣化してほしいコンディショニングなら、とくに疲労がたまっている日や、ケガしてしまったときに行いたいコンディショニングもあります。これから紹介する「足上げ休養法」と「アイシング」です。アイシングは救急法としても必ず覚えておきましょう。試合のときだけでなく、練習時にもアイシング用具は必ず用意してください。

また、しっかりと水分や栄養を補給することや、質のいい睡眠をとることもコンディショニングにつながります。水分は「のどが渇いた」と思う前にこまめにとり、疲れて食欲がないときも工夫してしっかりと食べましょう。暑いときはつい冷房の温度を下げたくなりますが、寝るときは「少し暑いかな」と思うくらいの温度設定にして、眠りについてください。

スタティック・ストレッチの注意点

- 伸ばす部位を意識する
- 反動や弾みをつけない
- 痛みが出ない範囲で20~30秒程度行う
- 呼吸を止めない

黑木瑠璃華 Message

クーリングダウンは必ず行っています

試合や練習後、必ずクーリングダウンを行っています。とくに合宿や試合では、体はもちろん、精神的な緊張感も強く、疲労が増すため、クーリングダウンはマストです。クーリングダウンはケガの予防だけでなく、リラックス効果も得られます。
疲れた日のスペシャルケアとして、アイシングや足上げ休養法も行っています。筋肉をほぐす器具を使って、ストレッチだけでは行き届かない肩や腰まわりをほぐすのもおすすめです。

Theme 1 クーリングダウン

上半身のスタティック・ストレッチ

ボールを思いきり打ったあとは、肩、腕、胸、背中を伸ばしていこう。1~5を20~30秒ずつ、反動はつけずにゆっくりと、どこを伸ばしているのか、意識しながら行う。

利き腕側と反対側では疲労度が大きく異なる。利き腕側に疲れがたまっていれば重点的に行う。反対側も伸ばすことを忘れないようにする。

時間 各**20~30**秒

肩・腕

1

腕を頭の後ろに回し、逆側の手でひじを内側へ引っ張る

肩・腕

2

体の前に伸ばした腕を、もう片方の腕を折り曲げて体に引き寄せる。押さえる位置は必ずひじあたりになるように。伸ばした手のひらは向きを変えて行う

! 背中が丸まらないように注意

! 腕が下がらないように

前腕

3 正座をし、床についた手の指を自分に向け、体を後ろに引いて前腕を伸ばす

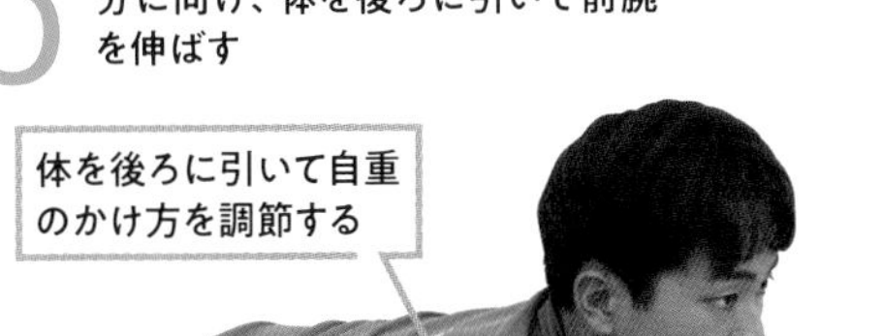

Advice

無理に伸ばさない

伸ばす部位を意識し、反動や弾みをつけずにゆっくりと行う。痛みが出るほど無理に伸ばす必要はない。練習直後に行うのが難しい人は、帰宅後、お風呂に入ったあとやテレビを見ながら行う習慣をつけよう。

胸

4 腕を体の後ろで組んで引く

背中

5 体の前で手を組んで前に伸ばす

Theme 1 クーリングダウン

体幹のスタティック・ストレッチ

上半身をストレッチしたあとは、体幹を伸ばしていこう。1〜4を20〜30秒ずつ行い、体幹の側面や中央部を伸ばしていく。

ソフトテニスはもちろん、日常生活すべての動きで体幹は使われている。体幹に疲労が残ると、体のバランスが崩れ、プレーに支障をきたす原因になる。

時間 各20〜30秒

体側

1 頭上に腕を伸ばし、伸ばしたい側の手首を逆の手でつかんで伸ばす。体は逆の手側に傾ける

つま先を立てる

背中

2 大の字にうつ伏せになったあと、両手で上体を起こし背中を反らせる

お尻・腰

3 ひざを曲げたほうの足を伸ばした脚の外側に置き、腕で抱えて引きつける。お尻から腰を伸ばす

腰

4 3の状態から、伸ばした脚のひざを曲げる。立てたひざに対角の腕を引っかけ体をひねる。腰を伸ばす

下半身のスタティック・ストレッチ

体幹をストレッチしたあとは、下半身を伸ばしていこう。1~4を20~30秒ずつ行い、とくに太ももの裏と表をストレッチしていく。

ソフトテニスのプレーの基本は足。ボールにたどりつくためにストップ&ダッシュを繰り返す。その疲労をしっかりとっていく。

時間 各**20~30**秒

太もも裏

1 **脚を伸ばして前屈する。つま先を上に向けるとハムストリングスが伸びる**

つま先を上に向ける

太もも前

2 **片脚を曲げて仰向けになる。この体勢がきつい人は上体を起こしてもよい**

太もも前

3 **2の体勢から横向きになり、足首あたりをつかむ。足に手が届かない場合、足首にタオルを引っかけ、後ろに引くとよい**

太もも前

4 **3の体勢からうつ伏せになり、太ももの下に厚みのあるマットを敷いてよく脚を伸ばす**

Theme Ⅱ ボディメンテナンス

交代浴

「交代浴」とは、温かいお湯と冷たい水のお風呂に交互に浸かる入浴法のこと。血行促進効果があり、疲労回復をもたらす。

優勝をつかむためには、1試合に勝つだけでなく、何試合も勝ち抜かなくてはならない。大会中の疲れを翌日に残さないためのケアとして、交代浴は最適だ。

実施方法

1 38度～42度くらいの「やや熱い」と感じる湯船に1～2分浸かる

2 20度以下の「とても冷たい」と感じる冷水に1～2分浸かる

3 これを2～6セット繰り返す

Variation シャワーによる交代浴

1 「やや熱い」と感じる温度のシャワーを1～2分浴びる

2 「とても冷たい」と感じる温度の冷水のシャワーを1～2分浴びる

3 これを2～6セット繰り返す

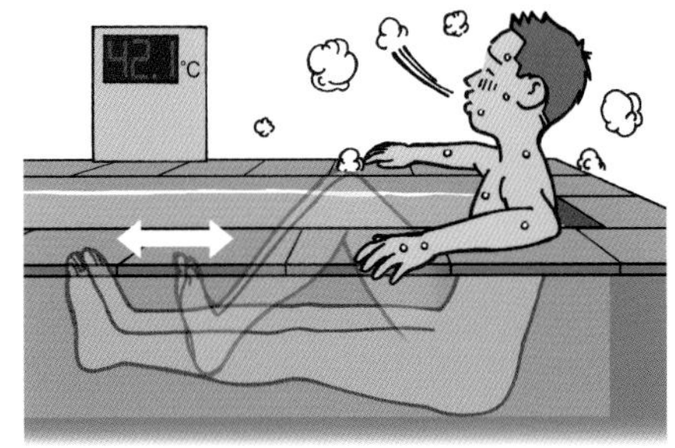

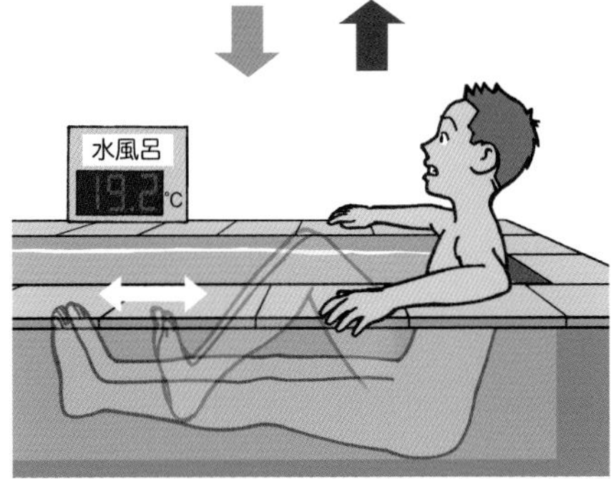

お湯と水に浸かる際、脚の屈伸を行うと、血液循環がよりよくなり疲労回復に効果的

Advice

シャワーでもOK

試合が連日ある場合や合宿時など、疲労を翌日に残さず、体を万全の状態にしたいとき、効果を発揮するのが「交代浴」だ。水風呂と湯船に交互に入り続けると血液循環がよくなり、疲労物質が取り除かれる。熱いお湯と冷たい水のシャワーを交互に浴びることでも同様の効果が得られる。

足上げ休養法

「足上げ休養法」とは、足を壁に立てかけ、高く保つことで血液循環を促す方法。重力の力で滞ったリンパの流れを回復する効果が期待できる。

疲労がたまってむくんでしまった足を高く上げることで、体軸が整い、リラックス効果も得られる。

実施方法

1 壁の近くで仰向けになり、足を壁に立てかけ高く保つ

2 手はお腹の上に置き、リラックスした体勢をつくる

3 数分間、この体勢を保つ。状況に応じ短い時間でもかまわない

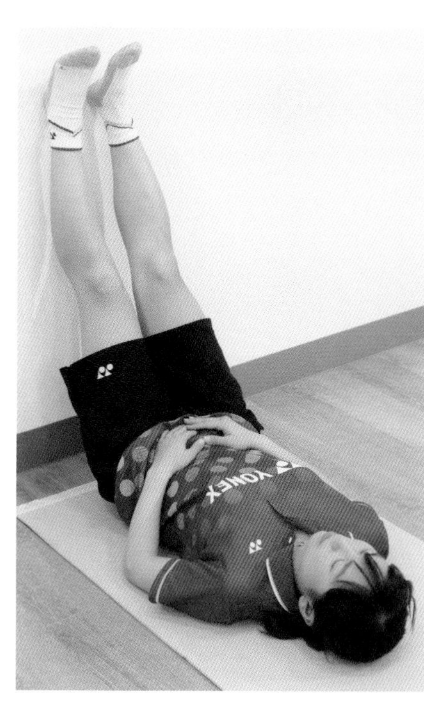

Advice

1日の終わりにおすすめ

足上げ休養法を、練習や1日の終わりに行うと、足からお尻にかけてのコリやハリをほぐすのに役立つ。疲労がたまると、足から心臓に向けての血液循環が悪くなるが、足を上げることによって、重力の力で滞っていた血液やリンパの流れをよくすることができる。呼吸法(P38)と組み合わせて行うと、リラックス効果も一層期待できる。

Theme Ⅱ ボディメンテナンス

アイシング

練習や試合で疲労した部位やケガした部位を冷やす行為を「アイシング」という。疲労回復としてはもちろん、ケガをしたときの応急処置として覚えておこう。

運動による筋肉の温度の上昇は疲労をもたらすので、体を冷やすことによって筋肉の温度を下げ、パフォーマンスが発揮しやすい状態をつくる。

運動したあと、体は筋温の上昇を沈めるために、大量のエネルギーを消費する。これが、疲労の蓄積の原因になるため、すみやかに筋温を下げるとよい。大会中も1試合終わるごとにアイシングをしっかり行うと、疲労が軽減される。ソフトテニスで酷使される肩やひざなど、とくに疲れた部分に氷のう（ビニール袋）を当てる。

体全体の熱を下げたいときは、首すじ、わきの下、太ももの付け根など、皮膚のすぐ下に太い血管が通っている箇所に氷のうを当てるとよい。熱中症の対策にもなる。

また、ケガをしたときにアイシングを行うと、患部が冷やされることで感覚がマヒし、痛みを軽減できる。患部が腫れている場合、冷却によって損傷していない部位への影響を抑えられるので、損傷拡大を最小限にするためにも効果的だ。

準備

用意するもの▶氷のう（ビニール袋）、氷、バンテージ（アイシングラップ）

1. **氷のう（ビニール袋）にすき間ができないように氷を詰める**
2. **空気を抜いてから口を閉じる。空気を抜くことで、患部に当たる面積を広くできる**

空気を抜く

空気が入っている

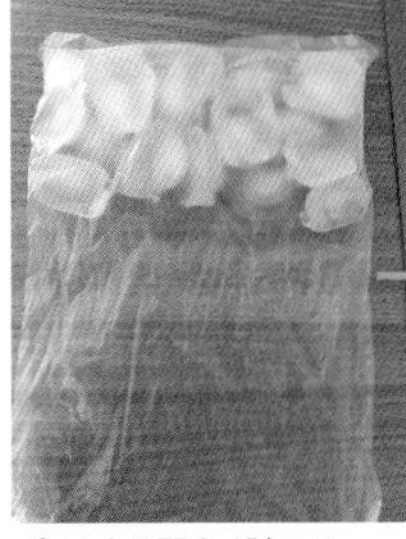
氷はすき間なく詰める

空気が入らないように口を閉じる

実施方法

1 患部に面積を広くした氷のう（ビニール袋）を当てる。患部によっては、バンテージやアイシングラップで固定する

2 15～20分程度冷やす

3 冷やし始めると、次のように感覚が変わる。❶強い冷感→❷温かい→❸ピリピリした痛み→❹感覚がなくなる。❹までいったら、アイシングを終了する

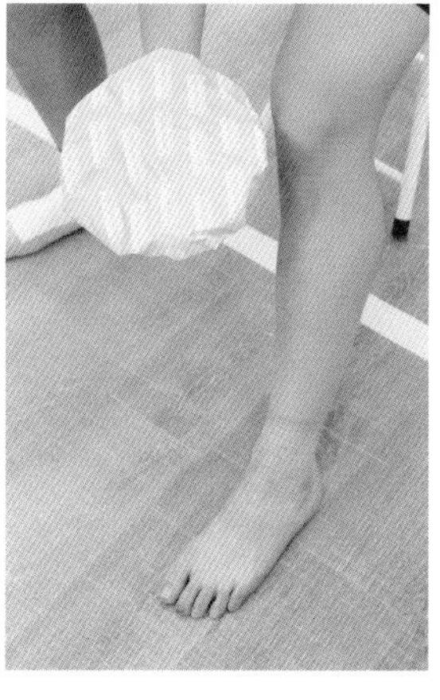

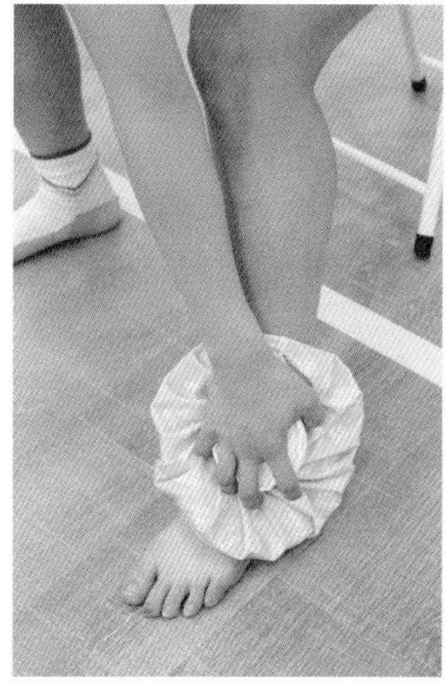

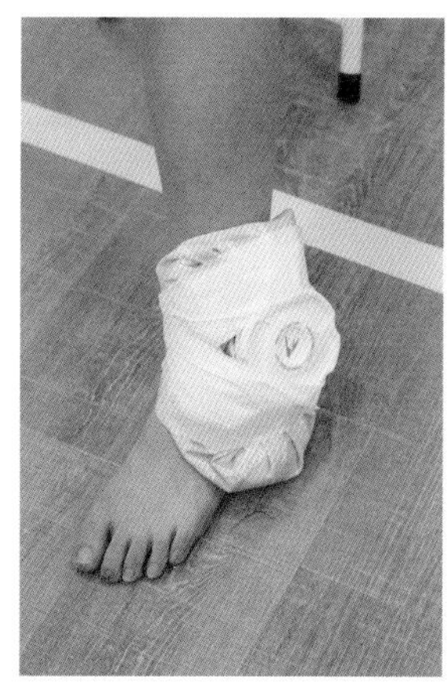

Variation クリアケースを使う

氷のうを使わず、バケツに氷水を入れてアイシングする方法もある。だが、バケツに入れる氷や水を確保し、後片付けをするのは大変だ。そこで足首やひじまわりを手軽にアイシングできる方法として、持ち運びに便利なクリアケースを使ったアイシングをしていこう。

1 クリアケースの底に氷を敷き、足をのせる

2 ケース内のすき間に氷を埋め、水を注いで15～20分間、冷やす

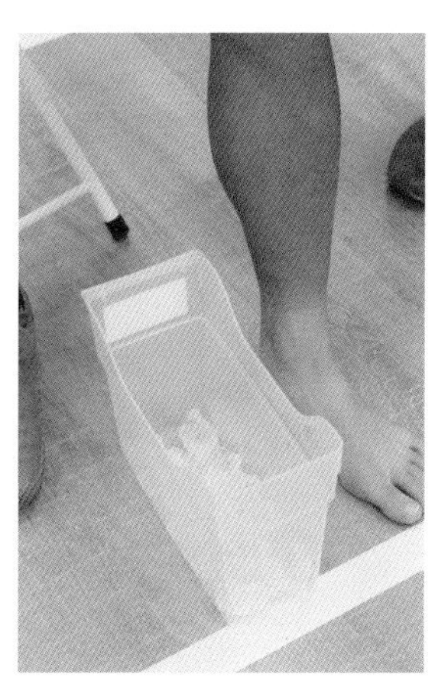

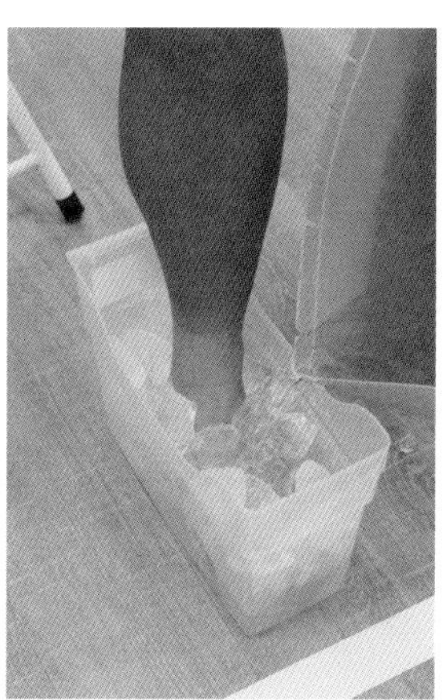

Column 4

映像分析を取り入れよう

スポーツにおいて分析は非常に重要です。自分自身を分析する、対戦相手を分析する、個人を分析する、チームを分析するなど、多岐にわたります。そして分析で有効になるのが映像分析です。普段から自分自身やライバルの映像を撮影しておきましょう。

映像から導けるものはたくさんあります。たとえば、相手の返球コース。多くの皆さんが知りたいのは、自分が打った球に対して、相手がどう返球してくる確率が高いか、ではないでしょうか。当然、相手選手の配球の傾向や動きのクセの見極めができるようになれば、予測が早くなります。

また、映像分析から自分自身の課題を見つけることも可能です。以前、強豪・韓国女子の映像と比較分析した結果、日本女子は極力バックを打っていないことがわかりました。可能なボールは回り込んでフォアで打つため、とくに国内試合の映像では、バックを打っている場面を見つけることすら難しいくらいでした。つまり、バックを避けるため、よりバックが苦手になっているという状況で、バックに対するフットワークの悪さも多く見られるほどでした。何度も体勢を崩し、コート外へ体が振られていたのです。

しかし、こんな課題が見つかった日本女子たちは、フットワーク力不足を改善するトレーニングに取り組み、その後、国際大会での結果につなげました。もちろん、結果を残せたのには、さまざまな理由があり、フットワーク改善だけが理由ではありませんが……。

いずれにしろ、映像分析によって課題を浮き彫りにできることがあります。課題が見つかれば、技術力向上のために、どうフィジカル強化をしていくか、トレーニング計画も立てやすくなるでしょう。

試合の様子だけでなく、自分のトレーニング姿なども積極的に撮影して、フォームなどをチェックしてください。自分が想像していたのとは、まったく異なるフォームでトレーニングしていてびっくり、なんていう発見もあるかもしれません。

●映像分析の例

課題を見つける
●バック側の球を回り込んで打つことが多い
●バック側へのフットワークが悪い

→

トレーニング計画を立てる
●バック側へのフットワークを改善するトレーニングを行う

トレーニングの組み合わせ方

本書で紹介したエクササイズを目的別にどう組み合わせたらいいのか、トレーニング例を紹介します。第1章のセルフチェックで課題を見つけて、取り組んでみましょう。

【総合編】

トレーニング初心者向けメニュー

筋力が著しく発達段階にある中学生の男女、筋力がだいぶ発達してきた高校生の男女を想定した総合的なメニューだ。基本のプッシュアップができなかったらひざつきにかえるなど、強度を調整して実践しよう。

中学生男子

	頁	種目	Easy	Basic	Hard	鍛える部位	回数	セット	頻度
1	96	プッシュアップ		○		胸・腕	15回	2	3/週
2	126	バックエクステンション		○		背	20回	1	3/週
3	108	スクワット		○		脚・臀	30回	1	4/週
4	116	プランク		○		体幹	60秒	2	4/週
5	120	シットアップ・クランチ・レッグレイズ		○		腹	20回	2	3/週
6	86	キャッチボール	○	○		肩甲骨・股関節	30回	1	毎日
7	144	ダッシュ		○		アキレス腱	20m×5本	1	3/週

中学生女子

	頁	種目	Easy	Basic	Hard	鍛える部位	回数	セット	頻度
1	98	プッシュアップ	○			胸・腕	10回	2	3/週
2	126	バックエクステンション		○		背	15回	1	3/週
3	102	キャット&ドッグ		○		骨盤・背	10回	1	3/週
4	108	スクワット		○		脚・臀	10回	1	4/週
5	112・113	ランジ・フロント&サイド		○		脚全体	各10回	2	3/週
6	114	テニスボールつぶし		○		内転筋	10	2	3/週
7	88	タオルスイング	○			肩	10	2	3/週

付録の使い方

本書では、プッシュアップのトレーニングでも簡単に行えるEASYバージョンからHARDバージョンまで、さまざまな強度のエクササイズを紹介している。表には、行ってもらいたい強度を「○」で示し、より望ましい強度を「◎」で示している。より高い強度でトレーニングできるように鍛えていこう。一つの種目の中にやり方が複数あるときは、どれか一つを表中の回数行う。

高校生男子

	頁	種目	Easy	Basic	Hard	鍛える部位	回数	セット	頻度
1	96	プッシュアップ		○		胸・腕	15回	2	3/週
2	126	バックエクステンション		○		背	20回	1	3/週
3	108	スクワット		○		脚・臀	50回	2	3/週
4	142	なわ跳び		○	◎	下半身	50回	1	3/週
5	122	V字クランチ		○		腹	20回	2	3/週
6	84	アジリティ		○		全身	20秒	3	3/週
7	152	サーキットトレーニング		○		全身	コート5周	1	2/週

高校生女子

	頁	種目	Easy	Basic	Hard	鍛える部位	回数	セット	頻度
1	98	プッシュアップ	○			胸・腕	10回	2	3/週
2	126	バックエクステンション		○		背	15回	1	3/週
3	102	キャット&ドッグ		○		骨盤・背	10回	1	3/週
4	108	スクワット		○		脚・臀	10回	1	3/週
5	107	バックレッグリフト		○		臀	10回	1	3/週
6	128	バックエクステンション			○	背	15回	1	3/週
7	132	起き上がりダッシュ		○		全身	各2～3回	2	3/週

【強化別編】

筋力&持久力を高めたいときのメニュー

基本的な筋力を高めたい場合のメニューと、コート内での持久力を高めたい場合のメニュー。ソフトテニスのパフォーマンスを上げるのに効果的な内容だ。

筋力を高めたい場合

	頁	種目	Easy	Basic	Hard	鍛える部位	回数	セット	頻度
1	96･99	プッシュアップ･足上げ		○	◎	胸･腕	15回	2	3/週
2	100	ベントオーバーローイング		○		背	10回	2	3/週
3	101	ベントオーバーリアサイドレイズ		○		肩	10回	2	3/週
4	108	スクワット		○		脚･臀	30回	2	3/週
5	115	カーフレイズ		○		下腿	20回	2	3/週
6	120･121	シットアップ		○	◎	腹	20回	2	3/週
7	126･127	バックエクステンション		○	◎	背	20回	2	3/週

持久力を高めたい場合

	頁	種目	Easy	Basic	Hard	鍛える部位	回数	セット	頻度
1	136･137	腕振りトレーニング		○	○	肩･腕	100回 30回 30回	各1	毎日
2	145	ダッシュ(コート往復)			○	総合	5本	2	毎日
3	143	なわ跳び(前進跳び)			○	総合	20m	5	毎日
4	152	サーキットトレーニング		○		スタミナ	コート3周	2	2/週
5	153	ウェーブ走		○		スタミナ	コート3周	2	2/週
6	153	追い抜き走		○		スタミナ	コート2面を3周	2	2/週

*1～3は毎日行い、4～6は日を変えて行うのが望ましい
*腕振りトレーニングは各メニューすべて行う

柔軟性&敏捷性・速さを高めたいときのメニュー

柔軟性を高めるメニューは毎日行うことを習慣化しよう。敏捷性・速さを高めるメニューの表の右端は、エクササイズが敏捷性と速さのどちらをより鍛えることに目的があるかを示している。

柔軟性を高めたい場合

	頁	種目	Easy	Basic	Hard	部位	時間	セット	頻度
1	161	下半身-1		○		太もも裏	20～30秒	1	毎日
2	160	体幹-1		○		体側	20～30秒	1	毎日
3	160	体幹-4		○		腰	20～30秒	1	毎日
4	161	下半身-4		○		太もも前	20～30秒	1	毎日
5	158	上半身-1		○		肩・腕	20～30秒	1	毎日
6	158	上半身-2		○		肩・腕	20～30秒	1	毎日
7	159	上半身-4		○		胸	20～30秒	1	毎日

敏捷性・速さを高めたい場合

	頁	種目	Easy	Basic	Hard	部位	回数	セット	頻度	敏捷性	速さ
1	136・137	腕振りトレーニング		○	○	体幹・腕	100回 30回 30回	各1	5/週	◎	
2	138・139	斜め体勢のレッグレイズ		○	◎	股関節	50回	1	5/週	◎	
3	142・143	なわ跳び		○	◎	アキレス腱	50回	1	5/週	◎	
4	146-149	ラダートレーニング		○		アキレス腱	各1回	1	5/週	○	
5	150	マーカーゲーム		○		総合	20秒	1	3/週	○	
6	144	ダッシュ		○		アキレス腱	20m×10本	1	3/週		○
7	140	バウンディング		○		股関節	10m×5本	1	2/週		○

＊腕振りトレーニングは各メニューすべて行う

【強化別編】

パワーを高めたいときのメニュー

ソフトテニスには、ボールが飛んでくる位置がわかった瞬間、即ダッシュする場面がたくさんある。出だしのパワーを高めるトレーニングも行っていこう。

	頁	種目	Easy	Basic	Hard	部位	回数	セット	頻度
1	113	ジャンピングランジ			○	下半身	15秒	3	3/週
2	110	ジャンピングスクワット			○	下半身	15秒	3	3/週
3	142・143	なわ跳び		○	◎	アキレス腱	50回	3	3/週
4	130	起き上がりトレーニング		○	◎	総合	20秒	3	3/週
5	140	バウンディング		○		股関節	10m×5本	1	2/週
6	134	胸つけジャンプ		○		総合	15秒	3	2/週

【コンディショニング編】

体の調子を上げたいときのメニュー

体を酷使したあとは、疲れがたまっている。それを素早く取り除くことが翌日の高いパフォーマンスにつながる。習慣にしたいメニューを紹介する。

試合の合間や疲れたときの疲労回復

	頁	種目	目的	回数(その1)	回数(その2)
1	51	ジョギング	血液循環	3分～5分	5分～10分
2	158-161	ストレッチ	筋柔軟性	(下半身中心)5分	1ポーズ20秒以上
3	164	アイシング(疲労部位)	筋温低下	3分～5分	疲労部分を10分
4	163	足上げ休養法	血液循環	1～2分	夜就寝前に3分
5	162	交代浴	血行促進	—	入浴時に1～3分＝2セット

ケガからの回復

	頁	種目	目的	回数
1	158-161	ストレッチ	リラックス	痛みの部位を中心に1ポーズ40秒以上
2	164	アイシング(ケガの部位)	炎症除去	痛みの部位を中心に10～15分

【ウォーミングアップ＆クーリングダウン編】

必ず実行してほしいメニュー

時間がない！　とウォーミングアップやクーリングダウンに時間をかけられないチームは多いはず。そんなときでも、必ず実行してほしいメニューだ。

ウォーミングアップ 体全体の準備のためにどの種目も、すべてのメニューを行おう。

	頁	種目	Easy	Basic	Hard	目的	回数	セット	頻度
1	50	ウォーキング		○		筋温上昇	3分	1	毎回
2	51	ジョギング		○		血液循環	5分	1	毎回
3	52-55	下半身のバリスティック・ストレッチ		○		筋柔軟性	各10回	1	毎回
4	56-61	上半身のバリスティック・ストレッチ		○		関節柔軟性	各10〜20回	1	毎回
5	62-69	ランジウォーク		○		筋力発揮	各10m×2	1	毎回
6	70･71	アキレス腱伸ばし		○		アキレス腱	各10〜15回	1	毎回
7	72-75	つま先リズムタッチ		○		パワー発揮	各10m×2	1	毎回

クーリングダウン

	頁	種目	部位	回数	セット	頻度
1	158	上半身-1	肩･腕	20秒以上	1	毎日
2	158	上半身-2	肩･腕	20秒以上	1	毎日
3	159	上半身-4	胸	20秒以上	1	毎日
4	159	上半身-5	背中	20秒以上	1	毎日
5	161	下半身-1	太もも裏	20秒以上	1	毎日
6	161	下半身-2	太もも前	20秒以上	1	毎日
7	160	体幹-3	臀〜腰	20秒以上	1	毎日

おわりに

パフォーマンスアップへの近道

パフォーマンスアップに近道はありません。しかし、いかに効率よく練習できるかは、上達のキーになります。トレーニングにも、ソフトテニスに直結するものとそうでないものがあり、皆さんが何のためにどこをどう鍛えるのかを意識できれば、すべてが直結した内容になるはずです。

ソフトテニスも、ボールを打っているだけでいいという時代ではなくなっています。適切にトレーニングすることは、試合に勝つためだけでなく、健康を考えたソフトテニスにおいても、体に最適な刺激となるはずです。本書の内容は、ソフトテニスのトレーニングとしてはほんの一部ですが、皆さんのお役に立てることを望んでいます。

本書の出版に際してご協力いただきました、鈴木快美さん、ベースボール・マガジン社の江國晴子さん、プロランドの山本雅子さんはもとより、スタッフの皆さん、ヨネックス株式会社様に感謝申し上げます。

川上晃司

著者

川上晃司 かわかみ・こうじ

1962年兵庫県生まれ。スポーツインテリジェンス株式会社代表取締役。天理大大学院修士。天理大体育学部准教授。日本スポーツ協会アスレチックトレーナー。2001〜2016年ソフトテニス男子ナショナルチーム、2016〜2018年女子ナショナルチームのトレーナー。2001年よりヨネックス株式会社アドバイザー。2019年より全日本トレーナーアドバイザーを務める。ソフトテニス選手のみならず、硬式テニス、アメリカンフットボール、プロ野球選手など数々のアスリートの指導にあたる。

撮影協力

黒木瑠璃華 くろき・るりか

1993年鹿児島県出身。鹿児島南高-日体大-ヨネックス。小柄ながらスピードと勝負勘に優れる日本女子の第一人者。右利き。前衛。153センチ。2010年インターハイ個人優勝(川原梨紗子／)、2016年アジア選手権複8強(柿崎あやの／)、2018年アジア大会国別対抗優勝・混合複8強(増田健人／)、2019年世界選手権国別対抗優勝・混合複3位(内本隆文／)、2019年全日本インドア選手権優勝(／徳川愛実)。

撮影協力

船水颯人 ふねみず・はやと

1997年青森県出身。東北高-早稲田大。2019年よりソフトテニス界初のプロプレーヤーとして活躍中。右利き。後衛。170センチ。全日本シングルス優勝4回(2015、17〜19年)、全日本選手権複優勝3回(2016年／星野慎平、18・19年／上松俊貴)、2015年世界選手権国別対抗優勝・複3位(増田健人／)、2016年アジア選手権国別対抗優勝・複優勝(／上松俊貴)・混合複優勝(／佐々木聖花)、2019年世界選手権国別対抗優勝。

競技力が上がる
体づくり

ソフトテニス
うまく動ける体になるトレーニング

2020年9月30日　第1版第1刷発行

著　者／川上晃司
発行人／池田哲雄
発行所／株式会社ベースボール・マガジン社
〒103-8482
東京都中央区日本橋浜町2-61-9　TIE浜町ビル
電話 03-5643-3930（販売部）
　　 03-5643-3885（出版部）
振替口座 00180-6-46620
http://www.bbm-japan.com/

印刷・製本／広研印刷株式会社

Printed in Japan
ISBN978-4-583-11242-8　C2075